问道浙商

王永昌

著

WENDAO

ZHESHANG

浙江人民出版社

图书在版编目（CIP）数据

问道浙商 / 王永昌著. — 杭州 ：浙江人民出版社，
2023.11
ISBN 978-7-213-11264-5

Ⅰ. ①问… Ⅱ. ①王… Ⅲ. ①商业经营-概况-浙江
Ⅳ. ①F715

中国国家版本馆CIP数据核字（2023）第213748号

问道浙商

王永昌　著

出版发行	浙江人民出版社（杭州市体育场路347号　邮编　310006）	
	市场部电话:(0571)85061682　85176516	
责任编辑	何　婷　沈敏一	
责任校对	陈　春	
责任印务	程　琳	
封面设计	王　芸	
电脑制版	杭州兴邦电子印务有限公司	
印　　刷	浙江新华数码印务有限公司	
开　　本	710毫米×1000毫米　1/16	
印　　张	17	
字　　数	218千字	
插　　页	1	
版　　次	2023年11月第1版	
印　　次	2023年11月第1次印刷	
书　　号	ISBN 978-7-213-11264-5	
定　　价	78.00元	

如发现印装质量问题,影响阅读,请与市场部联系调换。

前　言

对浙商，我有着一份特别的情怀。从2012年起，我担任浙商发展研究院院长，已过去整整十年了。浙商发展研究院是由《浙商》杂志具体运行的一个民间组织，它的主要作用是了解浙商、研究浙商、宣传浙商、引领浙商。从一定意义上讲，就是问道浙商，研究浙商的发展之道。

2022年6月30日，浙商发展研究院（浙商智库）举行了成立十周年纪念活动，我对研究院过去十年的工作作了一个总结性讲话，并对浙商未来的发展寄予厚望。为此，我反复思考后，决定给研究院赠诗一句——"江南无所有，聊赠浙商魂"。这借用了南北朝诗人陆凯赠给友人范晔（《后汉书》作者）一首诗中的一句，原诗是："折花逢驿使，寄与陇头人。江南无所有，聊赠一枝春。"在抗击新冠疫情中，"江南无所有，聊赠一枝春"很是流行。我想用"江南无所有，聊赠浙商魂"，喻指浙商发展研究院自身并没有什么"财富""资本"，而是在理念上、精神上为浙商鼓与呼，给浙商一些引领和支持。当时，我还想到"江南满枝春，且赠浙商魂"这句，但如此一来，"江南满枝春"就只能指浙商群体的"满枝春"，而不能指我们研究院本身了。所以，最后还是用了"江南无所有，聊赠浙商魂"。

　　我一直倡导做人、做企业家都要有自己的灵魂、风骨，要像王阳明那样，有一颗澎湃的心、光明的心。我们浙商要有强大的心的力量，也就是要有强大的"心力"。这是浙商的内在灵魂和坚挺的筋骨。这也是一种家国情怀、一种智慧、一种境界。如果拥有了这样一颗澎湃的、阳光的心和强大的内在力量，浙商就能继续迎风破浪、勇立潮头。

　　我用一首小诗表达十年来我对浙商的认识和感怀：

<blockquote>

年年风云话浙商，

别了昨日装。

缘心起，情更长，

夜深梦浅还思量。

一路尘烟，万里冰霜，

策马扬鞭闯疆场，

遍地英雄创业忙。

边关雁，天涯客，

摘星邀月入行囊。

浙商，浙商，

栉风沐雨化故乡，

踏浪弄潮迎朝阳。

</blockquote>

　　浙商正是在风风雨雨的打拼中才成为浙商的。没有风雨长不出花朵，没有拼搏奋斗出不了精彩。

　　"风雨化故乡"，这就是我们的浙商！

　　浙商的"四千精神"，就是"风雨的故乡"。

　　"风雨化故乡"，是我问道浙商的一个"道"的答案。

2023 年 5 月 1 日

目　录

第一篇　浙商永远跟党走

　　我们所说的浙商，是在改革开放的阳光雨露中孕育诞生的，是伴随着中华民族伟大复兴的时代进程成长发展的。浙商对国家的方针政策有着深入认识，对发展环境有着深切感受，对党和人民有着深厚感情。浙商永远心向党、跟党走。

忆百年奋斗辉煌　明理增信跟党走

　　题记：2021年6月29日，"致敬建党100周年浙商党建成果展暨民企党委书记论坛"在浙商博物馆举行，笔者受邀出席并作主旨演讲，具体内容如下。

　　今天，我们在浙商博物馆举行"致敬建党100周年浙商党建成果展暨民企党委书记论坛"，这个活动非常有意义。因为再过两天，我们将迎来中国共产党的百年华诞。举办浙商党建成果展和论坛活动，是我们以自己特有的方式纪念党的生日。

　　刚才，举行了浙商标杆企业党建优秀案例成果和《红色引擎——非公企业党建传化样本》一书的发布会，嘉兴市工商联介绍了所属商会党建工作标准体系建设的成果。这些成果的发布，实际上是我省民营企业献给党的生日的一份厚礼。

　　今天，令我们感动的是，浙商博物馆和浙商发展研究院等有关单位精心制作的100位浙商向党献礼的视频。从这些企业家身上，我们看到了浙商对党的感情，看到了他们坚定跟党走的决心和意志。

　　尤其令我们感动的是，92岁高龄的老党员楼金同志受邀来到现场，并为我们做了简短而富有教育意义的讲话。实际上楼老是给我们上了一堂具有历史穿透力、党性感染力的党课。本来，会议组织者安排我先讲话，但我看了议程和了解到楼老的简历后，提议无论如何请楼金同志先讲。从他身上，我们看到了一名老党员的胸怀，看到了党的事业与他的人生追求是如何同频共振的，看到了共产党员永远应是一个奋斗者。千秋伟业，建党百年，恰是风华正茂。共产党员永远是年轻的，要像楼金同志那样，永远做斗志昂扬的奋斗者。

我想，今天我们都深受教育，都以自己特有的方式迎接、纪念党诞生的百岁生日，以表达对党的感情、对党的祝福、对党更加美好未来的期待。

接下来，我想从浙商的角度，围绕"学党史明理增信，悟思想启迪智慧，听党话跟党走"这个主题发表一些感想。

一、要更深刻地了解党的百年光辉历程

大家知道，从1840年鸦片战争后，中国就逐步沦为半殖民地半封建社会。从那时起，西方列强明目张胆地入侵中国，使我们国家蒙辱、人民蒙难、文明蒙尘，使中华民族遭受了前所未有的劫难，陷入了受人奴役和积贫积弱的境地。近代以来，中国落后、衰弱了，而落后就要被人欺负，挨人家打。从那时起，实现中华民族伟大复兴，就成为中国人民和中华民族的梦想。

伟大的中华民族从不甘于贫困落后和受人欺凌，中国人民在思考、在反抗、在奋起，要在斗争中站起来、在奋斗中崛起。一批又一批中华儿女、仁人志士为之思索呐喊、奉献青春热血，但一直都没有寻找到能使中华民族图存崛起的正确道路。比如，学习西方的洋务运动，即学习西方先进技术，但甲午战争彻底击碎了"师夷长技以制夷"的愿望。后来，又学习模仿西方政治制度，如戊戌变法等，最后也行不通。西方列强欺凌我们，八国联军横行霸道，蹂躏神州大地，贪婪瓜分中华河山。1919年的巴黎和会是协约国的会议，作为战胜国的中国，

本应获得应有的尊严和权益，但战前德国在山东的特权竟然被转交给了日本，严重损害了中国的正当利益。对于帝国主义列强的行径，中国人民的反抗像火山喷涌，由此引发了震惊中外的五四运动。

五四运动是伟大的爱国运动，也是思想启蒙的新文化运动。当时，中国一大批仁人志士致力于寻找救亡图存、复兴中华的新思想新道路。他们主张首先要解决人的思想文化问题，然后再解决社会问题。五四运动之前，十月革命一声炮响，给我们送来了马克思列宁主义。以陈独秀、李大钊等为代表的一大批先进的中国知识分子，开始学习、研究、介绍马克思主义和十月革命。可以说，五四运动为我们党的诞生在思想上干部上做了准备。尤其值得强调的是，五四运动推动了学生运动与工人运动、群众运动的结合，这是五四运动的一个重要特点。当时，出现了中国历史上第一次"三罢"，即学生罢课、工人罢工、商人罢市，中国工人阶级开始以独立的姿态登上政治舞台。

五四运动促进了马克思主义在中国的传播。1920年初，李大钊、陈独秀等人就开始商量筹建中国共产党。1920年8月，陈独秀在上海正式成立了中国共产党早期组织，10月，李大钊等在北京成立了"共产党小组"。同年秋至1921年春，武汉、长沙、济南、广州成立了共产党早期组织。在日本、法国，成立了由留学生和华侨中先进分子组成的共产党早期组织。

1921年7月，中国共产党第一次代表大会在上海召开。参加会议的有13位代表和2位共产国际代表。当时全国总共只有50多名共产党党员。中国共产党的诞生，如一声春雷，在中国大地上响彻云霄，开启了中华民族新的历史进程。

从北伐战争、土地革命战争、抗日战争、解放战争到社会主义革命和建设，再到改革开放和社会主义现代化建设，一直到中国特色社会主义新时代，中国共产党人走过了气势磅礴、光辉灿烂的一百年。

一百年来，中国共产党人由几十个人发展到9514.8万多人，成为世界上最大的执政党。一百年来，中国共产党人不怕牺牲，勇往直前。一百年来，中国共产党人吃尽千辛万苦，但他们始终坚持真理，坚守理想，不懈奋斗，不惜牺牲自己生命，献身于共产党和人民的事业。他们冒着敌人的枪林弹雨，迎着敌人的血腥屠刀，哪怕洒热血、抛头颅也在所不惜，他们雄赳赳地走上刑场，有的还在刑场上举行婚礼。只有中国共产党人，才能这样视死如归、气吞山河。哪怕在生命的最后一刻，他们也要唱着《国际歌》、喊着"共产党万岁"英勇就义。

同志们，这一百年，中国共产党的历史可歌可泣；这一百年，中国共产党人风雨兼程；这一百年，中国共产党人历经磨难。这一百年，中国共产党人用自己的红色信念、红色血液，创造了中国历史发展的伟大奇迹。这一百年，中国共产党为中华民族、为中国人民、为中国社会文明进步，谱写了光彩夺目的史诗，作出了彪炳史册的贡献！

二、要更深刻地了解党的百年辉煌成就

百年奋斗征程，百年砥砺辉煌。百年来，中国共产党团结带领中国人民开辟的伟大道路、创造的伟大事业、取得的伟大成就，必将载入中华民族和人类文明发展史册！

第一，在百年奋斗史中，我们党以武装的革命反对武装的反革命，推翻了帝国主义、封建主义、官僚资本主义三座大山，建立了人民当家作主的中华人民共和国，实现了民族独立、人民解放。这意味着中国近代以来人民解放和民族独立统一的目标实现了。从此，中华民族作为一个独立统一、有主权、有尊严的民族巍然屹立在世界的东方。这个中国近代以来一直没有实现的愿望，终于在中国共产党人手上实现了。毛泽东同志庄严地向全世界宣告，中华人民共和国成立了，中国人民从此站起来了。新民主主义革命的胜利，彻底结束了旧中国半殖民地半封建社会的历史，彻底结束了旧中国一盘散沙的局面，彻底

废除了列强强加给中国的不平等条约和帝国主义在中国的一切特权，为实现中华民族伟大复兴创造了根本性的社会条件。中华民族任人宰割、饱受欺凌的时代一去不复返了。

第二，在百年奋斗史中，新中国成立后，中国共产党人进行了社会主义革命和社会主义建设的艰难探索和发展，自力更生、发愤图强，又经过波澜壮阔的改革开放，取得了经济社会发展的伟大成就，实现了从生产力相对落后的状况到经济总量跃居世界第二的历史性突破，实现了人民生活从温饱不足到总体小康、全面小康的历史性跨越，中国人民从此富起来了。2021年，党带领人民实现了第一个百年奋斗目标，正在意气风发地向着全面建成社会主义现代化强国的第二个百年奋斗目标阔步迈进。

第三，在百年奋斗史中，中国共产党人把马克思主义和中国的实际相结合，创造性地开展社会主义改造和革命，消灭了在中国延续几千年的封建剥削压迫制度，确立了社会主义制度，实现了中华民族有史以来最为广泛而深刻的社会变革。通过改革开放的实践，我们创立、形成、捍卫和全面推进中国特色社会主义。我们在一个人口众多的大国建立起社会主义制度，一个充满活力、有着巨大优越性的社会制度，为实现中华民族伟大复兴奠定了充满生机活力的政治前提。实践证明，中国共产党和中国人民不但善于破除一个旧世界，也善于建设一个新世界，只有社会主义才能救中国，只有中国特色社会主义才能发展中国。中国共产党带领中国人民开创的中国特色社会主义现代化新道路，正在创造人类文明新形态。

第四，在百年奋斗史中，为了实现中华民族伟大复兴，中国共产党团结带领中国人民自信自强、守正创新，统揽伟大斗争、伟大工程、伟大事业、伟大梦想，战胜了一系列重大风险挑战，实现了第一个百年奋斗目标，党和国家事业取得历史性成就、发生历史性变革，中华民族伟大复兴的社会制度更为完善、物质基础更为坚实、精神力量更为主动。中华民族迎来了从站起来、富起来到强起来的伟大飞跃，中华民族伟大复兴进入了不可逆转的历史进程！

第五，在百年奋斗史中，中国共产党人坚持和发展马克思主义，坚持和发展社会主义，坚守和践行共产主义理想信念。在今天的世界上，中国共产党高举马克思主义旗帜，继续发展当代中国马克思主义、21世纪马克思主义。中国共产党人坚定地推进人类和平发展，维护人类公平正义，推动人类命运共同体建设，为人类文明进步作出了自己的应有贡献。

一百年来，中国共产党人走过的道路是艰难曲折的，但取得的成就是无比辉煌的。

三、要更自觉地学党史明理增信，听党话、跟党走

一百年来，中国共产党人的奋斗历程、辉煌成就及其历史经验，对我们每个人都有着终生受用的教育意义，对企业家办好企业，同样有着弥足珍贵的启迪。

我们要认真学习中国共产党百年奋斗史，学史明理，学史增信，学史崇德，学史力行。党的历史经验是我们前行的宝贵精神财富。作为浙商，我们对党有着朴素的感情和深刻的理解。我们庆祝中国共产党百年华诞，最好的庆祝，就是坚定地践行党的理想信念，坚定地听党话、跟党走，用党的历史经验和智慧武装、提升自己，脚踏实地做好本职工作，推进企业健康发展，从而为党和国家整个事业的发展，为社会主义现代化建设作出自己的贡献。

第一，学好党史明理增信、悟透思想启迪智慧，听党话、跟党走，就要学习、领会、掌握科学理论，用习近平新时代中国特色社会主义思想武装自己。中国共产党为什么能，中国特色社会主义为什么好，归根到底是因为马克思主义行。马克思主义是科学真理，我们每一个

人、每位企业家都要学习科学理论。要知道，我们党过去、现在和未来做什么，党的路线方针政策以及未来发展方向，都源于这个科学理论，密码都在这里面。学懂了这个科学理论，就能知道我们党的性质宗旨、初心使命。人类社会从来没有一个理论像马克思主义那样，能如此深刻地改造世界，能如此广泛地转化为群众的实践力量。世界上也没有一个政党像中国共产党那样，能让马克思主义在广阔的实践中生根开花，转化为亿万群众改天换地的伟力，去摧毁旧世界、创造新世界。

第二，学好党史明理增信、悟透思想启迪智慧，听党话、跟党走，就要坚定理想信念。个人也好，企业也罢，一定要有理想信念，要有奋斗目标，要像党那样有坚定的红色信念、坚韧不拔的顽强意志。没有理想信念，没有奋斗目标，企业、个人都不可能行稳致远，因为你的心胸和眼光不可能有高度，你的人生也会缺乏宽度和厚度。所以，我们一定要牢固树立红色理想，用坚定信念引领人生。

第三，学好党史明理增信、悟透思想启迪智慧，听党话、跟党走，就要践行崇高价值观。企业也要有正确的世界观和价值观。这个世界观、价值观是什么？就是像我们党那样，有始终如一的初心使命——为中国人民谋幸福，为中华民族谋复兴。我们要为人民做事情，把个人理想、事业融入为人民谋幸福之中。人民就是江山，江山就是人民，党的一切就是为人民谋幸福，这样才能得到人民的拥护。我们个人也要为社会、为人民谋利做事，这样才能多发光发热，人生才会更有意义。

第四，学好党史明理增信、悟透思想启迪智慧，听党话、跟党走，就要明白磨难出成就的道理。我们党历经磨难，百折不挠，千锤百炼，坚韧不拔，攻坚克难，最终战胜种种风险，取得辉煌业绩。事实上，推进任何崇高事业都需要历经磨难、付出代价。企业是这样，个人也是这样，轻轻松松做不成大事。要成就一番事业，就需要付出，就需要经历磨难。辉煌的背后是艰辛，进步的背后是磨难。你经受不了挫折，经受不了磨难，就会败下阵来，就不可能做成大事，就不可能有大的作为。我们个人和企业都要有历经磨难志更坚的胸怀和品质，只有这样才能有大的作为、成大的事业。

第五，学好党史明理增信、悟透思想启迪智慧，听党话、跟党走，就要自觉维护党的团结统一和党中央的权威。学习党史，我们一定要明白这样一个道理，就是要自觉维护党的团结统一和党中央的权威，这对党的生存发展和中国特色社会主义建设事业取得胜利至关重要。党的坚强领导是一切事业成功的根本保证，也是党百年奋斗史中一条非常重要的经验。我们要维护党中央的权威，维护党中央领导核心的权威。只有这样，我们党才能高度团结统一，才能有坚强的战斗力、组织力、号召力，才能战无不胜。

当然，学习党的历史，我们还可以学习一些其他方面的经验。比方说，企业要像我们党那样加强组织和骨干队伍建设。尤其是共产党员，要让他们争当我们这个民族、我们这个社会的奋斗者、奉献者、牺牲者，我们也要把企业员工培养成积极向上的奋斗者。我们的年轻人特别是青年学生要立志做奋斗者，向党看齐、向党组织靠拢，做新时代有奉献精神、有情怀、有知识、有使命担当的奋斗者，这样才能无愧于自己的青春，无愧于我们的时代。

同志们，今天，我们都用共同的行动表达对党的敬意，表达对党的生日的祝福。我想，我们在座的各位同志，特别是年轻人，一定要站在中华民族波澜壮阔的历史的角度、中华民族伟大复兴的高度，去学习党的历史，领悟科学真理，坚定地跟党走，为实现中华民族伟大复兴和人民对美好生活的向往而不懈奋斗。

回顾党的百年征程，展望美好未来，我把自己的心情和感悟写成了一首《红船向太阳》。

红船向太阳

一个民族之问——
何以挺起不屈的胸膛?
你以红色初心,
穿云雾,过叠嶂,
铸就开天辟地的钢梁,
向着太阳升起的地方。

一个时代之问——
何以复兴东方的富强?
你以庄严使命,
越风浪,再续航,
谱写顶天立地的华章,
向着太阳升起的地方。

小小红船,扬帆起航,
巍巍巨轮,鸣笛远航。
你的百年传奇,
述说巨龙崛起的故事。
你的千秋伟业,
绘就人间正道的沧桑。
那是太阳升起的地方,
太阳升起的地方。

中国共产党正在带领中国人民意气风发地阔步前进。

浙商心向党、感恩党

题记：近年来，笔者曾在一些企业家会议上多次宣讲中国共产党的初心使命，阐述中国共产党领导各族人民开创的中华民族伟大复兴进程，分析浙商产生和发展的历史背景，以及浙商心向党、感恩党的内在逻辑和时代逻辑，基本观点如下。

浙商是时代的产物，是浙江的骄傲。浙商，是党领导下的改革开放的实践者、中国特色社会主义的建设者。广大浙商始终心向党、感恩党，浙商永远跟党走。

一、中国共产党是为中国人民谋幸福、为中华民族谋复兴、始终走在时代前列的先进政党

我国各族人民热爱党、信任党，永远跟党走，首先是由中国共产党的先进性决定的。中国共产党是我国各族人民的主心骨，是我国各项事业的坚强领导核心。永远跟党走是近千万浙商的坚定信念和自觉追求。

中国共产党的先进性，主要表现在以下方面：她以先进的马克思主义理论为武装，以中国和人类社会最崇高最美好的理想为目标；她

是有着崇高使命的政党，一经诞生，就义无反顾地肩负起为中国人民谋幸福、为中华民族谋复兴的历史使命；她是一个特别富有崇高信念和革命精神的政党，在革命实践中形成了"坚持真理、坚守理想，践行初心、担当使命，不怕牺牲、英勇斗争，对党忠诚、不负人民"的伟大建党精神，并将其融进血脉中，激励广大党员和各族人民进行艰苦卓绝的奋斗；她是一个以各族人民过上更美好生活为己任的政党，新中国成立后，她领导确立了社会主义制度，不遗余力推进改革开放和中国特色社会主义事业，不但为当代中国一切发展进步奠定了根本的政治前提和制度基础，而且实现了中华民族近代以来由衰落到根本扭转命运、持续走向繁荣富强的伟大飞跃；她是一个富有改革创新品格的政党，她顺乎时代发展潮流和人民意愿，勇于改革创新，勇于破除一切阻碍发展的思想和体制障碍，使党和人民的事业始终充满奋进的强大动力，使中国大踏步赶上时代；她是一个勇于追求真理、敢于面对曲折、善于修正错误的政党，她的这种品格使她永葆旺盛的生命力和强大的战斗力，能攻克一个又一个看似不可攻克的难关，创造一个又一个彪炳史册的人间奇迹；她是一个极富政治领导力、思想引领力、群众组织力、社会号召力的政党，在应对国内外各种风险和考验的历史进程中，她始终是全国各族人民的主心骨，始终是坚强的领导核心。今天，她正带领全国各族人民为全面建设社会主义现代化强国、奋力实现中华民族伟大复兴中国梦、推进人类命运共同体建设而拼搏奋斗。

实践证明，中国共产党是为中国人民谋幸福、为中华民族谋复兴、始终走在时代前列的先进政党，是我国各项事业顺利发展的坚强领导核心，是我们战胜一切艰难困苦、不断争取一切胜利的根本保证。中国特色社会主义已进入新时代，这意味着近代以来久经磨难的中华民族迎来了从站起来、富起来到强起来的伟大飞跃，迎来了实现中华民族伟大复兴的光明前景。当然，正如习近平总书记所指出的，中华民族伟大复兴，绝不是轻轻松松、敲锣打鼓就能实现的①。我们必须准备付出更为艰巨、更为艰苦的努力。

浙商是乘着改革开放的春风，沐浴着党和国家鼓励支持民营经济发展的阳光雨露成长起来的群体。进入新时代，广大浙商更加深切感受到，只有不忘初心、永远跟党走，不断创新创业，才能勇立潮头，开创新的发展天地，永远飞向新的蓝天，为祖国和人民作出更大的新贡献！

二、牢记亲切教诲，勇做中国特色社会主义事业的建设者

习近平同志对企业家群体始终给予亲切关爱，有许多重要论述。比如，2014年，他在亚太经合组织工商领导人峰会开幕式上的演讲中指出："我们全面深化改革，就要激发市场蕴藏的活力。市场活力来自于人，特别是来自于企业家，来自于企业家精神。"②

习近平同志在浙江任省委书记期间，对浙商的重要地位和作用给予了充分肯定，对浙商的健康成长倾注了大量心血、提出了殷切希望。

2004年2月，时任浙江省委书记的习近平同志指出，在过去的20多年里，浙江省经济总量在全国的位次从第12位上升到第4位，从一个"资源小省"迅速发展成为"经济大省"，重要原因之一就是民营经济的快速发展③。浙江的民营经济是与改革开放和市场经济相伴而生的。浙江原来是一个陆域资源缺乏、工业基础薄弱的农业省份，改革开放以后，从农村工业化起步，浙江大力发展乡镇集体企业和个私经济，逐步形成一批在全国具有较强优势的产业、企业和产品，发展成

---

① 习近平：《新时代中国共产党的历史使命》，载《求是》2022年第19期。

② 习近平：《谋求持久发展　共筑亚太梦想——在亚太经合组织工商领导人峰会开幕式上的演讲》，载《人民日报》2014年11月10日。

③ 参见习近平：《干在实处　走在前列——推进浙江新发展的思考与实践》，中共中央党校出版社2006年版，第102页。

为一个工业大省。同时，民营经济的发展也有力地推动了人口、资金等要素的流动和集聚，促进了城市第三产业的发展和城市基础设施建设，加快了浙江的城市化进程。

民营经济的发展，促进了大量农村剩余劳动力从第一产业向第二、第三产业转移，解决了一大批城镇居民的就业问题，成为增加就业的主渠道，促进城乡居民收入水平大幅提高。民营经济的发展还大大加速了浙江广大农村和一些贫困山区脱贫致富奔小康的进程。

没有民营经济的快速发展，就不可能有浙江改革开放和经济社会发展的辉煌成就，不可能有今天浙江经济的勃勃生机和强劲活力，民营经济在浙江富民强省建设中功不可没、厥功至伟。

在2005年6月举办的"浙商论坛"上，习近平同志亲临大会并发表重要讲话。在2006年6月3日召开的浙商大会暨浙商论坛上，他又深刻指出，一部浙江改革开放的历史，很大程度上是一部浙商敢为人先、勇立潮头的创业史。在浙商身上所体现的创业精神和商业智慧，集中反映了与时俱进的浙江精神，展示了浙江人的良好形象。浙商是中国特色社会主义事业的建设者，是发展先进生产力和先进文化的实践者，是参与国际经济合作与竞争的开拓者，是人民群众实现共同富裕的贡献者，是浙江人民的骄傲和自豪。他认为，在社会主义市场经济大潮中培育和成长起来的浙商群体，成为浙江发展中一支十分活跃的生力军，同时也成为全国最活跃的企业家群体。[1]

2006年6月16日，习近平同志在《浙江日报》发表了《"浙商文化"是浙商之魂》的重要文章，指出："浙商是在社会主义市场经济的大潮中诞生并壮大起来的创业者和企业家群体。长期以来，浙商不仅创造了大量的物质财富，也形成了一种独特的'浙商文化'。从文化渊

---

[1] 王永昌、江于夫、吴佳坤：《拥抱新时代　浙商跟党走》，载《浙江日报》2018年1月10日。

源上看，'浙商文化'传承于浙江深厚的文化底蕴。从实践基础看，'浙商文化'形成于广大浙商的创造性实践，是支撑浙商开拓进取的精神动力。浙商的新飞跃，需要'浙商文化'的支撑。"①

习近平同志殷切希望，浙商要继续弘扬与时俱进的浙江精神，不断开拓进取，不断发展壮大，努力实现新的飞跃。浙商要做科学发展的实践者、和谐社会的建设者、改革创新的先行者、文明经商的模范生。要求广大浙商积极适应新的形势，努力提升自身素质，推动技术创新、制度创新、管理创新和企业文化创新，在市场经济的大潮中完成浙商转型，使浙商群体真正成为具有现代化、市场化、国际化素质的企业家群体。总之，广大浙商要争做优秀的中国特色社会主义事业建设者。②

进入开启全面建设社会主义现代化征程的新时代，广大浙商要怀着无比深厚的感情学习领悟习近平新时代中国特色社会主义思想，备感亲切地重温和领悟习近平总书记关于浙商的重要论述，不忘习近平总书记对浙商的亲切关怀和厚爱，不负党和人民对浙商的殷切希望和要求，永远跟党走，勇做实现中华民族伟大复兴和中国特色社会主义事业的建设者。

三、浙商是一个有家国情怀的先进企业家群体

浙商是一个听党话、跟党走的有家国情怀的企业家群体。

浙商是沐浴着改革开放的春风成长起来的一个具有特别情怀、特别素养、特别风范的市场经济活动主体。浙商对党的路线方针政策有

---

① 习近平：《之江新语》，浙江人民出版社2007年版，第209页。

② 王永昌、江于夫、吴佳坤：《拥抱新时代　浙商跟党走》，载《浙江日报》2018年1月10日。

着独特的认知，对党和国家改革开放、鼓励民营经济发展的政策有着特殊的感情，对中国共产党的先进性质、地位、作用和中国特色社会主义有着深刻的认识和高度的自信。

浙商是一个在市场经济大潮中打拼、具有强烈社会担当和使命感的企业家群体，他们早已超越了只讲赚钱、只讲物利的局限，具有更高的理想价值追求，乐于承担更多的社会责任和义务。

浙商是一个讲政治、遵法遵纪、诚信守德、有组织有纪律的企业家群体。他们在全省全国全球都有各类商会组织和自律章程，许多商会都有党群组织，这些都是很好的证明。

浙商是一个有文化、有灵魂、有品位的企业家群体，有"四千精神"，即走遍千山万水、说尽千言万语、想尽千方百计、吃尽千辛万苦的创新创业精神。这个精神非常形象生动，高度概括了过去几十年来浙商身上的精神特质。

进入新时代，浙江省委、省政府根据党中央的精神和国际国内发展的新形势新要求，按照中央有关营造企业家健康成长环境、弘扬优秀企业家精神、更好发挥企业家作用的重要意见，结合浙江发展和浙商群体特点，又提炼出了新时代浙商精神，即坚忍不拔的创业精神、敢为人先的创新精神、兴业报国的担当精神、开放大气的合作精神、诚信守法的法治精神、追求卓越的奋斗精神。这一概括既是对中央有关要求的贯彻落实，又是对过去"四千精神"的传承光大，更全面、更深刻地揭示了浙商群体的特质和价值追求，对浙商素养的提升和作用的发挥提出了新要求新期待。

浙商要行稳致远，不忘本来，不忘初心，不断提升进步，不断实现新飞跃、创造新业绩，更好地承担起新时代新使命，就要永远听党话、永远跟党走，沿着党指引的发展方向，在实现中国梦和建设社会主义现代化强国的伟大实践中勇做中国特色社会主义的优秀建设者。

保持政治优势　抢占发展先机

　　题记：2021年6月10日，第18届浙商（投融资）大会在杭州隆重举行，大会以"百年开新局　数字创先行"为主题，千余企业家相聚一堂，共话数字经济发展机遇和挑战。笔者受邀出席并发表了题为"保持政治优势　抢占发展先机"的主题演讲，具体内容如下。

　　一年一度的浙商（投融资）大会今天又开幕了。八年来，我几乎每年都参加这个大会。参加这样的会议，对我来说是一个学习的好机会。七八年前，我就在思考这样一个问题——浙商如何保持发展新优势，勇立时代发展新潮头？

　　我们知道，改革开放以来，在浙江大地上诞生了一个有着近1000万人的浙商群体。这支队伍是沐浴着改革开放的春风成长、发展、壮大起来的，他们跨过钱塘江，越过长江、黄河，飞过太平洋，奔赴世界各地创业发展。浙商的成长和发展，是与改革开放政策和社会主义市场经济改革，或者说与民营经济发展紧密相连的。在这方面，浙江醒得早、起得早、干得早，抓住了时代发展新机遇，特别是一大批民营企业的崛起使浙江发展走在了全国前列。随着全国改革开放的深入，市场经济体制、民营经济政策全国各地都差不多了，浙江的这一先发优势正逐渐消退，或者说全国都处在同一条跑道上了。那么，浙商如何保持强大生命力，保持先发优势？如何抓住时代发展新机遇，不断注入发展新活力？如何成为一支永续发展、永不熄火的强大队伍？经过这七八年来的实践，我终于有了答案，这个答案可以从不同层面来分析。今天，我主要从三个方面谈点想法。

我以为，浙商之所以能在已有的基础上不断注入发展新动力、保持发展新优势，不断抢占发展新高地，最重要的是，浙商能很好地做到以下三点。

一、浙商始终能发扬听党话、跟党走的本质优势

坚定地听党话、跟党走是浙商的一个本质属性，也是浙商的一个根本优势。浙商是沐浴着改革开放的春风成长起来的，浙商对当代中国的社会制度、对改革开放的方针政策、对党的领导和党指引的方向，有着自己的深刻理解和切身体会，听党话、跟党走是浙商的内在要求。

2021年，我们迎来了中国共产党成立100周年。百年来，中国共产党为各族人民的幸福和中华民族的复兴承担起艰巨的历史使命，一批又一批共产党人无私奉献自己的心血和智慧。中国共产党是有着自己的初心使命和崇高理想的。中国共产党是用马克思主义武装起来的先进政党，她来自人民，一切为了人民。党旗上的党徽就是由镰刀、锤子组成的，喻指以工农为主体的劳动大众，人民是我们党的根基，是我们党一切工作的旨归，党的初心使命就是为人民谋幸福、为中华民族谋复兴。中国共产党人有着坚定理想信念、忠诚为民情怀、无私奉献品格、开拓创新特性、不懈奋斗精神，这样的政党是具有强大生命力和战斗力的先进政党。百年来，我们党由开始时的几十个党员，发展到如今的9191.4万名党员（截至2019年底），成为目前世界上最大的执政党。百年征程，有无数中国共产党人献出了宝贵的生命，但

是一批又一批共产党人为着初心使命义无反顾地继续冲锋陷阵。中华民族曾经落后挨打、受人欺凌，今天，我们迎来了中华民族伟大复兴的美好前程。今天的中国，已经成为可以平视世界的一个发展中大国，我们的祖国在党的坚强领导下正在快速地和平崛起。

同志们，我今天要说的一个重要观点是，这一百年来，中国共产党为中华民族复兴创造了辉煌业绩，积累了丰富的宝贵智慧。学习党史，回顾党的百年光辉历程，我们要按照习近平总书记的要求，学史明理、学史增信、学史崇德、学史力行，学党史、悟思想、办实事、开新局。我在这里建议企业家们好好学习和领会我们党的百年奋斗史。百年来，我们党积累了丰富的历史经验和智慧，足够我们好好学习和领悟消化，我们要用这些宝贵经验和智慧财富来武装自己、武装企业。如此，企业便能更好地成长和发展，不断开新局。

企业虽然是一个很小的市场主体，但它毕竟是一个组织。一个企业家如果能把我们党的治理智慧学深悟透，并用到企业经营管理上、用在自己的人生实践中，那他将成为一个站位很高的企业家，成为一个有巨大动能的企业家。从党的百年奋斗征程中，我们企业家应得到哪些启示呢？这涉及丰富的内容，这里我只讲一条，就是我们党之所以是全国各族人民的顶梁柱，之所以能带领人民战胜各种困难不断取得新胜利，其中的一条就是一批批党员、先进分子为了人民幸福和中华民族复兴无私奋斗、顽强拼搏。共产党员是先进的奋斗者，是中国人民和中华民族的先锋队。企业的成长和发展，同样需要把员工特别是骨干培养成企业发展的奋斗者。为此，我们要自觉加强企业党组织建设，积极培养共产党员和先进骨干分子。这样的话，才会为企业注入强大的战斗力。

我们要把握好庆祝中国共产党百年华诞的契机，抽时间好好看一看我们党这百年是怎么走过来的，是怎么开新局、怎么克服各种困难取得胜利的，并从党史中学到智慧和力量，化为我们终生的宝贵财富。

二、浙商具有抢抓发展先机的敏锐眼光

我们对浙商未来发展充满信心，第二个理由，就是浙商总能抓住时代发展的新机遇，走在时代发展的前沿。

我一直在思考——现代经济主要发展动力是什么。通过学习研究世界近现代经济和金融货币发展史，我发现，从技术层面讲，支撑或者说推动人类近现代经济发展最主要的动力有两个。一是现代金融资本。它是杠杆，有撬动、放大功能。如果没有现代金融，就根本谈不上现代经济。二是现代科技。科技越来越成为推动经济发展的主要驱动力。在今天和未来相当长一段时期，经济社会发展将主要依托数字技术、智能技术。数字化、智能化是以5G、6G等无线通信技术为先导的，我们讲信息化、网络化、智能化、数字化、大数据、云计算等，就是讲智能技术或者说数字技术。数字技术已成为一种泛在化、普遍化的技术。所谓泛在化技术，既有广泛运用的含义，也带有元技术、母技术的味道，其他的各种技术以及经济社会各个领域的发展，都需要运用它。到目前为止，人类还从未出现过这样一种无时不在、无孔不入并几乎无所不能的技术。

今天，办任何企业，从事任何产业，进行任何活动，事实上都离不开数字技术。从这种意义上讲，人类工业化进程发展到今天，真正发生了一场史无前例的全方位、全领域的时代性变革。

对我们中国来说，今天有两个大局。一个是中华民族复兴大局，还有一个是世界百年未有之大变局。我们讲百年未有之大变局，到底变了什么，哪些没有变？最近，我做了一些研究，得出一个结论，就是当今世界有两个确定的大变局。第一个，"东升西降"的变局。"东升"是指以中国为代表的东方世界的崛起和发展，它在上升；"西降"是指以美国为代表的西方世界（同东方力量增长相比）相对在下降，

但不是说它不发展了。今天,"东升西降"这个变局已经出现,并且将会进一步强化。还有一个确定的大变局,人类的科技革命。这个科技革命的兴奋点、关键点,就是数字技术。数字技术方兴未艾,浩浩荡荡,它正在改变世界,改变我们的生活。它的确是一场大变革,不但影响产业、经济,还影响我们生活的方方面面以及人们的思维方式。我们只有适应发展大趋势,才不会落后,才不会被淘汰。所以,我们要热情拥抱数字技术,参与数字技术,运用数字技术。这样,才能保持和抓住发展先机。

浙商是完全有条件、有能力抢占数字技术新优势的,因为浙商本身就是靠抢抓机遇而成长发展起来的,对市场创新和科技创新有着天生的敏锐性,也积累和形成了抢抓发展先机的雄厚实力。现在的浙江尤其是杭州,数字经济已经走在了全国的前列。

企业家朋友们,我们非常幸运,在数字技术的运用方面中国总体上走在了世界的前列。这是近代中国历史上前所未有的一个大机遇,我们一定要抓住这个千载难逢的机遇。浙商这些年来做得非常好,在运用数字技术、发展数字经济方面走在了全国企业界的前列。所以,我们完全相信浙商能行稳致远,抢占发展先机,开创发展新局。

三、浙商是一个爱学习、不断赋能的企业家群体

大家过去都讲,浙商是一个爱赚钱、会赚钱的群体。这对不对?当然是有道理的。企业家、商人不会经营、不会赚钱,那还能算企业家吗?企业家就是要会经营会赚钱的。在市场经济的风浪里能高效合理地赚钱,企业才能生存发展。

企业家怎样才能更好地经营发展?其中一条,就是要发扬企业家的创新精神,使自己成为一个具有强大正能量的、用各种知识武装起来的市场主体。这就需要不断学习充电,不断赋能和自我提高。

这七八年来，我接触了不少企业家，对他们非常敬佩，也很有信心。为什么？因为浙商不是在学习，就是在去学习的路上。这几十年来，不知有多少浙商参加了北京大学、清华大学、浙江大学等院校的各类学习班，《浙江日报》和《浙商》杂志等也提供了许多学习交流平台。今天这样的场合来了那么多的企业家，就足以说明浙商是很爱学习的。

爱学习的浙商是不断成长的浙商，是永远年轻的浙商，是能自我超越的浙商，也是具有美好前程的浙商。正因为如此，我们对浙商的未来充满信心。

同志们，雄关漫道真如铁，而今迈步从头越。浙商更美好的未来要靠企业家们去拼搏奋斗。

让我们一起去奋斗吧！

大历史观视野下的中华民族复兴

　　题记：企业家是实现中华民族伟大复兴的重要力量，对当代中国伟大复兴事业同样要有历史的、时代的正确把握，更自觉更豪迈地投入中国式现代化建设实践。2021 年 4 月 18 日上午，浙江工商大学举办了"中国共产党领导与中华民族伟大复兴理论研讨会暨浙江工商大学党史党建教育研究中心成立会"。笔者应邀出席会议并以"大历史观视野下的中华民族复兴"为题作即席发言，具体内容如下。

　　刚才听了诸位专家的演讲，给我很多启发。我本来想围绕建党百年的历史智慧谈些想法，但发觉这个题目太大了，一时半会儿难以讲清楚。我最近反复阅读党的百年历史，尤其是建党前后的有关资料，发现党成长过程中有很多规律性现象值得研究。比如，我们党的一个历史大智慧，就是围绕着党的初心使命，在各个历史发展阶段，通过分析判断全局形势和总结实践经验教训，总能把长远奋斗目标与现实斗争任务相结合，并制定切实可行的路线、方针及政策，从而不断推进中国革命、改革开放和现代化建设事业阔步前进。

　　从主持人的介绍中得知，近年来，教育部高等学校社会科学发展研究中心组织了一批来自全国高校的专家学者对中华民族伟大复兴这个课题展开了全方位的研究。应该说，这个课题涉及范围很广，也很有意义。今天，我也想围绕怎么看待中华民族伟大复兴这个大课题谈点认识。我的核心观点是，我们应该站在大历史观视野下，去认识、理解和更自觉地推进新时代中华民族的伟大复兴进程。

中华民族伟大复兴作为中国近现代以来的历史主题和时代性课题，在不同的历史阶段具有不同的内容和特点。中国共产党人推进的中华民族的伟大复兴，与建党之前中国先进仁人志士（如孙中山等）所推动的中华民族的复兴，有相似之处，又有极大的不同。我们今天所理解和把握的中华民族的伟大复兴，也有着新时代的内涵和特点。下面，我谈三个观点。

一、对中华民族的伟大复兴要从中华文明五千年历史的大视角去认识

今天中华民族的伟大复兴，是立足于中华民族文明、立足于中国大地、立足于中国人民的伟大复兴。中国共产党人是中华民族文明的继承者、发展者和创新者，而这种继承、发展和创新又必须在中华民族的伟大复兴进程中实现。这就决定了中华民族复兴的内容是丰富多彩的，有中华民族特色的。与此同时，我们更要认识到，这种复兴是一种现代化的复兴。当然，从学术角度讲，我们今天讲的现代化和未来的现代化，早已不是以前讲的那种现代化，而是一种后现代化，更是一种新时代的现代化。

所以，我们要实现的中华民族的现代复兴，不只是对过去文明的复兴，也不只是简单的物质和经济的复兴，而是民族与时代内在统一的全方位的新的现代化运动。当然，我们任何时候都要牢记，在整个现代化进程中，中国的崛起，中国在世界民族之林中的地位，首先取决于以经济发展为基础的实力。弱国无外交，这是个颠扑不破的真理。

离开了实力，说什么话都缺分量。无论说的话再怎么动听、调子再怎么高，都不会有什么大的用处。古往今来，话语权从来都是建立在实力基础上的。当然，实力不足不等于低声下气，该说的话必须说。不过，实力是根本。我们中华民族的复兴，首先要讲整体实力的提升，这个实力由很多因素构成，它必须在基本面上走在世界的前列，才算实现了中华民族的伟大复兴。

我相信，中华民族复兴是新的伟大复兴，是历史文明的延续和创造。实现中华民族伟大复兴是有时间目标的，但也是一个漫长的过程，一个不断推进的过程。

因此，我们要站在中华民族整体的、继往开来的历史进程角度看待我们党的初心使命、中华民族的个性和特点。这是一个大视角、大历史观。当我们站在中华民族几千年文明浩浩荡荡的历史维度来认识复兴梦想时，就能深切地理解到，中华民族伟大复兴是具有厚重的历史文明根基的。我们的复兴不是建立在沙滩上的，而是建立在几千年文明基础上的。我们讲复兴，首先是因为中国历史上有着深厚的文明根基和曾经处于世界文明的前列。中国共产党人领导各族人民推进中华民族的伟大复兴，是在传承灿烂历史文明基础上的创造过程。

二、对中华民族的伟大复兴要站在社会主义五百年历史的大视角去认识

中国共产党领导的中华民族的伟大复兴，既不是中华民族历史文明的简单延续和复兴，也不是简单重复发达国家的现代化模式。

中国共产党从诞生起，就在中华民族的历史进程和中华民族的伟大复兴进程中注入了马克思主义、社会主义的本质元素。中国共产党的初心使命就是让中国人民过上更幸福的生活，让中华民族真正得以复兴，而这是坚持马克思主义、走社会主义道路来实现的。所以，中

华民族的伟大复兴是具有马克思主义特点、社会主义特性和共产党人情怀的。

因此，我们要站在马克思主义、社会主义事业这样一个宏大的视野来认识中华民族的伟大复兴。中华民族伟大复兴的过程，是我国为社会主义事业，为马克思主义不断贡献力量的过程。这就是说，我们中华民族的复兴过程，具有崭新的社会主义性质，这是一种传承人类文明成果基础上新的文明发展方式，实质上是一项开创人类发展新的文明形态的千秋伟业。

三、对中华民族的伟大复兴要站在当今世界大变局和人类文明进程的大视角去认识

中华民族的复兴过程，是中华民族历史文明的复兴过程，也是走社会主义道路实现现代化的过程。这是人类历史上一个开天辟地的创新创造过程。这条道路走通了，我们的综合实力就达到了世界前列，这意味着什么呢？大家不妨去看一看整个人类文明史，会有更深刻的理解。我们知道，人类过去几千年文明史，大多是建立在农耕生产方式基础上的。世界三大农业文明中心就包括中国。所以，历史上的中国，的确是泱泱大国，一度是世界文明的中心。但是，自从人类社会开始向工商文明演化后，世界文明的中心便逐渐转移了。所以，从文明复兴或现代化角度来看，新的文明形态和世界文明中心是必须建立在新的生产方式基础上的。生产方式是人类社会文明根基之所在，也是马克思主义所揭示的人类社会发展的基本原理。

几百年来，建立在工商业生产方式基础上的世界文明中心一直在欧美，总体都在欧洲文明的框架里。随着我国的快速发展、快速崛起，而且是以新的模式崛起，这给世界文明发展注入了新的增量。当今世界，出现了百年未有之大变局。大变局中最关键的变局，就是现在正

在形成的"东升西降"的文明发展态势。如果我们中华民族实现了伟大复兴，意味着世界的文明中心将再一次转移。到时候，世界文明中心会不会转移到东方来？会不会"落户"中国？我们应该有这样一种自信、这样一种胸怀，为人类文明发展作出更大贡献。

当然，人类文明中心是不是只有一个？会不会出现多个中心？这是一个很值得研究的大课题。我相信，人类发展到目前为止，文明发展的确是有相对中心的。由此带来的问题还有，我们中华民族的复兴，从文明基础即生产方式的形态上讲，应建立在什么样的生产方式基础上呢？这就要分析当今世界正在酝酿和加快推进的科技革命及其带来的生产生活方式和社会结构的新变化。当今人类科学技术发展的最大趋势，就是建立在互联网和现代通信技术基础上的数字革命、数字技术，也就是全方位的智能化趋势。中国能不能抓住这次千载难逢的新机遇，占领这次技术变革的新高地？事关中国整个现代化的进程和伟大复兴，也事关世界东西方文明发展的新态势。

以上我讲的三个观点是要说明：我们应站在大的历史观视野去看待中华民族复兴深远而广阔的价值和意义，也应看到中华民族复兴将是艰难而辉煌的过程。在整个复兴过程中，我们要站在大的历史观视野下审视自己，首先把自己的事办好，立足当前，按照中央讲的大循环发展格局，发展好自己的大循环，同时要坚持全面改革和对外开放，有国际大视野，推进人类命运共同体建设。从人类文明的发展进程和世界大变局来看中华民族的伟大复兴，这意味着我们前行的路上有新局也有危局，中华文明发展的过程将是充满风险、充满斗争、充满竞争的过程。今天，国际摩擦和斗争才刚刚开始，同志们，丢掉幻想，准备战斗吧！让我们化危为机，在变局中开新局。

同志们，中华民族的复兴正处在一个令人向往、令人鼓舞的关键时期，这个时期恰恰也是走在发展"山坡上"的时期，未来将更加艰难、更加吃力，同时也更具挑战性，有更多风险。我们要如履薄冰，防止掉下山谷。一旦滑入山谷，后果将是不堪设想的。中国社会主义现代化事业，中华民族的伟大复兴，正在向现代化强国的山峰挺进。我们走在现代化的山坡上，正向现代化的山顶砥砺奋进。到全面现代化实现之时，必有无限风光。

同志们，我们一起努力吧！

民营企业和民营企业家是"自己人"

题记：2020年10月17日，由中央社会主义学院、浙江省社会主义学院、杭州高新区（滨江）党委、中国统一战线理论研究会非公有制经济人士统战工作浙江研究基地、中国非公有制经济党建网主办，杭州高新区（滨江）党委统战部承办的"新时代民营企业统战工作理论研讨会"在杭州召开，笔者受邀出席并作主旨演讲，具体内容如下。

由中央社会主义学院、浙江省社会主义学院、杭州高新区（滨江）党委、中国统一战线理论研究会非公有制经济人士统战工作浙江研究基地、中国非公有制经济党建网共同举办，杭州高新区（滨江）党委统战部承办的"新时代民营企业统战工作理论研讨会"，是一个很及时、很重要的理论研讨活动。最近，党中央召开全国民营经济统战工作会议，印发了《关于加强新时代民营经济统战工作的意见》。今天的研讨会，实际上是一个学习、宣传、落实中央有关精神的会，当然也是一次大家深入基层，总结、提炼杭州滨江区近几年开展民营经济统战工作实践经验的实践活动。会议期间，大家就新时代民营经济统战工作的新形势新任务进行了分析、探讨和交流。

浙江是民营经济大省，做好新时代民营经济统战工作有很好的基础和条件，同时，任务、责任也特别重大。浙江应该努力成为全面展示新时代民营经济统战工作的"重要窗口"。习近平同志关于民营经济、民营企业和民营企业家的论述是非常丰富的。他在浙江工作期间，对民营经济、民营企业家、浙商在经济社会发展中的重要地位和作用有过一系列论述，值得大家尤其浙江的同志认真学习、系统领会。近几天，我学习了党中央下发的《关于加强新时代民营经济统战工作的意见》，有一些思考和个人体会。习近平总书记关于民营经济和民营企业家的论述，以及这次党中央下发的文件，其中最核心、最关键的精神，就是"民营企业和民营企业家是我们自己人"。我认为，这是我们看待民营经济和民营企业家的关键之所在、要义之所在。党中央下发的《关于加强新时代民营经济统战工作的意见》的核心，就是把习近平总书记"民营企业和民营企业家是我们自己人"的论述落地了。这个文件从头到尾都体现了这个精神。所以，我学习这个文件后非常激动。可以说，这个文件是我们党关于民营企业、民营经济问题一个完整的、系统的阐述，更是我们党在新时代做好民营经济统战工作的一个纲领性文件。

2018年11月1日，习近平总书记在民营企业座谈会上的讲话中强调指出，"民营经济是我国经济制度的内在要素，民营企业和民营企业家是我们自己人。民营经济是社会主义市场经济发展的重要成果，是推动社会主义市场经济发展的重要力量，是推进供给侧结构性改革、推动高质量发展、建设现代化经济体系的重要主体，也是我们党长期执政、团结带领全国人民实现'两个一百年'奋斗目标和中华民族伟大复兴中国梦的重要力量。在全面建成小康社会、进而全面建设社会主义现代化国家的新征程中，我国民营经济只能壮大、不能弱化，不仅不能'离场',而且要走向更加广阔的舞台"①。下面,我着重围绕"民营企业和民营企业家是我们自己人"这个话题,谈些想法。

一、为什么说是"自己人"

对此,我有以下几点认识:

第一,民营企业家同我们党有共同的爱国情操、爱国情怀。

第二,民营企业家同我们党有共同的初心和使命,即实现中华民族的复兴、人民的幸福。

第三,民营企业是我国经济体制中的重要组成部分,是中国制度、中国道路、中国优势的重要表现,是坚持和发展中国特色社会主义的重要经济基础。民营企业和民营企业家同我们这个时代有共同的前途与命运。我们国家的前途和命运好,民营企业和民营企业家才会好;民营企业和民营企业家前途命运好,我们国家会更好。二者的前途命运是共同的。

第四,民营经济、民营企业是改革开放和社会主义市场经济发展的重要成果,是推动改革开放和社会主义市场经济发展的重要力量。

第五,民营企业是当代中国和未来中国建设的重要力量,是中国特色社会主义经济制度的重要组成部分,是推动高质量发展、推进社会主义现代化建设事业的重要主体。

第六,民营企业家作为我们党的统战工作的重要对象,本身就包含在我们的社会政治制度之中。

第七,民营企业是中国现代化事业的重要动力。刚才大家都讲到了民营企业在我国经济发展中的重要作用,其实不仅仅在经济建设方

---

① 习近平:《在民营企业座谈会上的讲话》,载《人民日报》2018年11月2日。

面，在其他事业发展上也扮演了重要角色。习近平总书记指出，民营经济是推进供给侧结构性改革、推动高质量发展、建设现代化经济体系的重要主体。①民营企业作为当代中国非常重要的建设主体，在创造物质财富的同时，还创造了许多制度财富、精神财富、文化财富。民营企业是推进物质文明、精神文明、生态文明以及其他各方面事业发展的重要动力。正因为这样，我们说民营企业和民营企业家是中国特色社会主义事业的重要建设者，是我们新时代前进的重要动力。

第八，实践证明，非公经济、民营企业为各项事业发展作出了无可替代的重大贡献。改革开放40年来，我国民营经济具有"56789"的特征，即贡献了50%以上的税收，60%以上的国内生产总值，70%以上的技术创新成果，80%以上的城镇劳动力就业，90%以上的企业数量。②而浙江的民营企业则具有"678999"的特征：贡献了GDP的65.5%，税收的74.4%，出口额的79.8%（近80%），新增就业的90%，企业数的92%，企业研发投入的91%。截至2020年8月，浙江各类市场主体共781.83万户，其中，在册企业（271.96万户）中私营企业有251万户，个体工商户504万户。

因此，民营经济、民营企业（家）是我们党长期执政、团结带领全国人民实现"两个一百年"奋斗目标和中华民族伟大复兴中国梦的重要依靠力量。

正因为这样，我们党和国家非常明确并一而再、再而三地强调，要坚持"两个毫不动摇"，即"毫不动摇巩固和发展公有制经济，毫不动摇鼓励、支持、引导非公有制经济发展"。我们党反复强调，要长

---

① 习近平：《在民营企业座谈会上的讲话》，载《人民日报》2018年11月2日。

② 习近平：《在民营企业座谈会上的讲话》，载《人民日报》2018年11月2日。

期、一贯确保"两个健康"，使民营经济健康发展，使民营经济健康成长。

也正因为这样，我们必须坚定不移地从认识上、理论上、感情上、行动上真正统一到习近平总书记"民营企业和民营企业家是我们自己人"的论述上来，把各个方面的力量都汇聚到党和国家的事业上来。只有这样，我们才能构筑起中华民族振兴、实现两个一百年伟大目标的磅礴力量。

二、怎么做好"自己人"工作

"自己人""一家人"，就要"想一家事""说一家话""干一家活"，也就是听党话、跟党走，与党同向，与民同心，与时代同进。我们要把"自己人"的队伍做好做优、做大做强。

既然是自己人，我们该如何做好自己人的工作呢？这就是我们的统战工作，也就是民营经济统战工作发挥作用的地方。民营经济统战工作做好了，不但助推我们国家的经济、政治、文化、社会和生态建设，而且对巩固完善中国特色社会主义制度，实现党对各个领域特别是统战领域的领导，凝聚各方力量，都会产生巨大的积极作用。新时代民营经济统战工作，地位重要，使命光荣，责任也很大。我们各个部门都要为新时代的民营经济统战工作尽一份责、出一份力。

统战工作是我们党不断取得胜利的重要法宝之一。做好新时代民营经济统战工作，是对党的统战工作法宝的继承和光大，是实现党的全面领导的重要体现，是我们党长期执政的重要保证，对坚持和完善中国制度、走好中国道路、彰显中国智慧、实现中国梦想，意义深远。

如何守正创新、进一步做好新时代民营经济的统战工作呢？

第一，要共举"一家人旗帜"。自觉高举习近平新时代中国特色社会主义思想旗帜，用其武装头脑，作为行动指南，认真落实好《关于加强新时代民营经济统战工作的意见》，在政治立场、政治方向、政治原则、政治道路上同党中央保持高度一致，始终做政治上的明白人。

第二，要共走"一家人道路"。不断增进民营经济人士在党的领导下走中国特色社会主义道路的政治共识。

第三，要共担"一家人职责"。统战工作是全党和各界共同的大事，但统战部门、工商联更有直接职责，要坚持信任、团结、服务、引导、教育方针，当好"娘家"，架好"桥梁"，做好服务引导。非公经济代表人士、广大民营企业家也要自觉承担起统战工作的责任。

第四，要共建"一家人制度"。按照党中央重大决策部署，切实加强党对民营经济统战工作的领导，更好地把民营经济界人士的智慧和力量凝聚到实现中华民族伟大复兴的目标任务上来，建立和完善新时代民营经济统战工作制度，在思想政治建设、服务民营经济高质量发展、民营经济代表人士队伍建设、构建"亲""清"政商关系、健全政企沟通协商、发挥工商联和商会作用、加强党对民营经济统战工作的领导等方面，建立和健全新时代民营经济统战工作制度体系。

第五，要共育"一家人队伍"。坚持党管人才原则，遵循民营经济人士成长规律，以提高素质、优化结构、发挥作用为目标，建设一支高素质、有担当的民营经济代表人士队伍。完善联谊交友、谈心交流制度，广交深交挚友诤友，打造一支关键时刻靠得住、用得上的民营经济人士骨干队伍。民营经济人士要有地位有作为，不负时代使命，要树立正确的国家观、法治观、事业观、财富观，做爱国敬业、守法经营、创业创新、回报社会的典范。

第六，要共兴"一家人伟业"。积极推动民营经济做大做强，为推进中国特色社会主义和现代化建设事业凝聚各方力量，共同为实现中华民族伟大复兴伟业而奋斗。

三、杭州高新区（滨江）民营企业统战工作"12468"工作法是有益的积极探索

近年来，杭州高新区（滨江）党委以高度的政治自觉和担当意识，结合实际，探索并实施民营企业统战工作"12468"工作法，取得了良好的效果，为新时代基层民营经济统战工作提供了经验。

首先，该工作法体现了滨江党委的高度重视和党的自觉领导，以及党委统战部门的积极有为。其次，滨江新时代民营经济统战工作方向正确，目标明确，思路清晰。再次，工作有特色、有亮点，有"高新味""滨江味"，助力"创新滨江""数字滨江""国际滨江"建设，助推高质量建设世界一流高科技园区，打响了具有"高新味""滨江味"的企业统战工作品牌。最后，"六项制度八个要素"比较系统、比较实在，活动载体多，实际成效好，值得总结推广。

希望大家共同努力，积极实践，创造更多更有效的新时代民营经济统战工作经验，为党和国家各项事业的繁荣进步作出新的贡献。相信这次会议能为新时代民营经济统战工作在理论和实践的结合上提供积极有益的成果。

胸怀大江南北　深耕"塞上江南"

题记：2020年12月25日，"全国知名浙商宁夏行"活动在银川举行，300多位知名浙商齐聚"塞上江南"，围绕"汇聚浙商力量　助推宁夏高质量发展"展开对话交流。笔者受邀出席论坛并发表主题演讲，具体内容如下。

正值隆冬时节，但今天的天气非常好，阳光灿烂，大堂里更是充满了朝气与热情。我曾经参加过全国各地不少的浙商活动，但今天，我第一次见证了受到省级党委和政府如此高度重视的浙商活动。

刚才，自治区党委主要领导在讲话中为我们介绍了宁夏近几年来的发展成就，展望了宁夏未来发展的良好态势。在党中央和自治区党委的领导下，宁夏这些年来在经济发展、扶贫攻坚、环境治理、生态建设、民族团结、社会和谐、社会进步、人民生活富裕以及加强党的建设等方面，都取得了令人骄傲的成绩，让我们以热烈的掌声对宁夏所取得的瞩目成绩表示祝贺！

自治区党委、政府主要领导对浙江发展特别是浙商创业给予了很高的评价和赞赏。众所周知，改革开放以来，浙江大地上形成了一支独特而庞大的企业家队伍，它的名字叫浙商。据不完全统计，目前浙商队伍有近1000万人的规模，在工商部门注册的企业及个体工商户已经达到785万家左右，其中，500多万家是个体工商户，近300万家是企业。这支队伍从田头走来、从山里走来，越过钱塘江、跨过长江，来到黄河两岸、天山南北、世界各地创业奋斗。这支队伍是我们浙江的骄傲，是浙江的一个重要窗口，也是浙江发展的一道亮丽的风景线。他们为浙江的改革开放，为浙江的经济发展，为浙江老百姓生活水平的提高，作出了重要贡献。

与此同时，我们也深深地认识到，浙江的发展以及浙江企业在全国各地取得的成绩，是与各地领导的关心和支持分不开的。浙商在宁夏创办的企业，其成长及其所取得的成绩，离不开宁夏自治区党委政府、各级领导及宁夏人民对浙商的包容、关心和支持。在这里，我以浙商发展研究院的名义，代表我们浙商对宁夏各级领导和宁夏人民对浙商的关心和支持，表示衷心的感谢！

一、浙商要以自己的高素质成长适应新时代的高质量发展

自治区党委主要领导在讲话中对浙商，特别是对正在宁夏创业发展的浙江企业，或者即将到宁夏创业的新企业提出了要求和希望。陈书记希望浙商们继续发扬当年浙江人在这里的拓荒精神、拼搏精神。改革开放之前，就有十几万浙江人在宁夏创业和生活；改革开放以后，又有十几万浙商来到了贺兰山脚下，来到了黄河两岸，在宁夏创业奋斗。自治区党委主要领导要求我们浙商继续发扬这种拓荒精神，扎根在宁夏，安心在宁夏创业发展并取得更大的成绩，也希望更多的浙商来宁夏创业。我认为，落实好自治区党委主要领导对浙商的要求，一个很重要的方面，就是浙商要高素质地成长起来，以适应新时代高质量发展和美丽新宁夏发展的需要。

大家知道，中国特色社会主义事业进入了新时代，我国经济发展已经由过去偏重于追求高速度增长转变为追求高质量发展。企业是重

要的市场主体，企业家是企业的掌舵人，所以，要实现经济的高质量发展，关键在于企业的高质量发展，而企业的高质量发展最根本的在于企业家的高素质成长。

二、浙商高素质成长需要发扬浙商精神

浙商精神对浙商高素质成长起着十分重要的作用。浙商是在社会主义市场经济的大潮中诞生的，也和浙江几千年来的历史文化分不开。浙商在创造物质财富的同时，也创造了精神财富，形成了浙商文化、浙商精神。

浙商在创造物质财富的过程中，要更好地培养自己的心灵世界，要夯实精神脊梁，也就是要有内在的、丰富的精神和文化。浙商要既富又贵，既讲利又行义，做有品质的、高素养的浙商。

那么，浙商文化和精神到底体现在哪些方面呢？

第一，浙商是有家国情怀的浙商。浙商首要的精神和品质就是听党的话、跟党走。浙商是沐浴着改革开放的春风、沐浴着党和国家政策的阳光雨露而发展起来的。他们深深地体会到没有党、没有祖国、没有改革开放的政策、没有中国特色社会主义伟大事业，就不可能有浙商的产生和成长。所以，他们深切地领悟到，他们所走过的路离不开党和国家的关爱和培养。他们将以自己的事业回报祖国、感恩祖国。浙商都应认识到，是我们所处的时代创造了企业家，而不是企业家创造了时代。尽管在改革开放的大时代中，企业家们参与了这个时代的发展，但就宏观而言，是时代造就了企业家，造就了浙商。任何时候我们都要明白，在中国要追求更好的发展和更高的平台，就一定要听党话、跟党走。企业家在经营上要做明白人，在政治上也要做明白人。

第二，浙商是千方百计创业的浙商。我们浙商身上有一种本质特征，就是艰苦创业、拼搏奋斗。如果没有这种艰苦奋斗的精神，就没

有浙商。浙商是在党的政策的指引下奋斗出来的，可以说，我们浙商就是坚强的奋斗者。正如刚才自治区党委主要领导和其他嘉宾讲到的"四千精神"：为了经商创业，浙商们走遍千山万水、吃尽千辛万苦、说尽千言万语、想尽千方百计。这种精神集中概括了第一代创业者的历程，揭示了浙商精神的本质就是艰苦拼搏。借用任正非先生的一句话：我除了痛苦，就没有不痛苦。企业家一定要有思想准备，也一定要认识到，只有艰苦奋斗才能成长、才能壮大事业。什么时候不想艰苦创业了，什么时候你的事业就停止了，就丧失了浙商精神的灵魂了，就不是本真的浙商了。

第三，浙商是新时代的智慧浙商。浙商要千方百计地创新，不能只满足于已有的业绩，而是要在已有的基础上不断翻篇归零，在新的平台上进行新的创造。离开了创新，就不能体现企业家最本质的特点。创新是企业家的天职。作为企业家，一定要不断地搏击市场风浪，不断地走在时代发展前头去开拓创新。当然，今天的创新更重要的是知识的创新、科技的创新，所以我们的浙商要做新时代的智慧浙商。越是实力雄厚的大企业、有情怀的企业家，越应该自觉地承担起科技创新的重任，而不是只满足于从老百姓口袋里多赚几个钱。好钢要用到刀刃上。

第四，浙商是义利并举的浙商。浙商作为社会先进群体之一，也要致力于尽社会责任。企业家来自社会，他们的财富取于社会，也要回报社会，推动社会的文明进步。浙商在物质金钱上富有的同时，也要在精神上富有，要在尽社会责任方面富有。一个人富有，只是一个风景点，只有带领大家共同富有，才是一道亮丽的风景线。因此，浙商在发展过程中，一定要尽最大的可能把企业发展好，同时，也要关注社会进步，带动更多人就业，带动更多人进步，为社会发展尽责。浙商要有正确的财富观、国家观，懂得厚德载物的道理。经商之道、做企业之道，归根结底是做人之道。

第五，浙商是有国际视野的浙商。有多大的视野，就有多大的胸怀。企业家要有国际视野，要在国际市场上锻炼成长，不断提升利用国际国内两个市场、两种资源的能力。浙商要跳出浙江到全国各地去发展，到世界各地去发展，用世界的眼光看待自身的发展，不断向前、不断拓展、不断创新自己的事业，做有国际视野的浙商，看到自己的差距和不足，看到世界的宽阔，也要看到世界环境的复杂，不断提高防范国际市场风险的能力，带领企业在更高水平的对外开放中实现更好的发展。

三、善于抓住和用好当前国内国际大好发展机遇

在党的十九大精神、十九届五中全会精神，以及刚刚闭幕的中央经济工作会议精神指引下，我认为企业发展将面临许多重要发展机遇。浙商是一个非常善于抓机遇的群体，也一定能抓住并用好当前的发展机遇。

第一个大机遇孕育在当今国内国际两个大局之中。党中央判断，现在和未来的中国面临着两个大局。第一个大局是中华民族伟大复兴的大局。现在正处于开启全面建设社会主义现代化国家新征程和向第二个百年奋斗目标进军的历史时期，开新局有新机遇。第二个大局是世界百年未有之大变局。世界大变局意味着未来会有更多的不确定性和不稳定性，中国的发展将会面临更多的国际挑战。这两个大局相比较而言，中华民族伟大复兴的大局带来的确定的和向好的发展势头是显而易见的。尽管中国企业会面临世界大变局带来的挑战，但国际国内都有更多的发展机遇。尽管危机不断，但危机恰恰又带来机遇；尽管是变局，却又可以开新局。尤其是新冠肺炎疫情以来国内外防控疫情成效的巨大反差，给我们创造了又一个重大的、难得的、历史性的机遇。我认为，可以预见的是，在国际层面上，未来的两三年将会是

中国企业非常好的机遇期。

第二个大机遇依托于双循环新发展格局。中国正在构建以国内大循环为主体、国内国际双循环相互促进的新发展格局，即双循环新发展格局。其中，除了仍然需要不断扩大对外开放以外，宏观经济政策将着力在国内发展方面创造更多的机遇，尤其是在扩大内需等方面。新发展格局中包含的一个非常大的机遇是什么呢？就是全国范围内的区域协调发展，中西部的经济改革将会越来越多地呈现出新的机遇。此外，符合经济高质量发展要求的产业梯度转移，也是必然的现象。因此，中西部的发展机遇将会更多，浙商不仅要继续扎根在这里，还要让更多朋友来这里发展，把握好中西部发展的机遇。

第三个大机遇包含在中央经济工作会议精神中。中央经济工作会议提出明年的宏观政策"不搞急转弯"，指出明年是"十四五"的开局之年，也是第二个百年目标的开局之年，要有新气象。"不搞急转弯"，要有新气象，这意味着什么？意味着明后年中国经济发展将会充满机遇！

浙商要悟新时代发展之道

　　题记：2021 年 9 月 16 日，贵阳市召开了以"东西协作共同富裕"为主题的"浙商入黔"助力贵州高质量发展大会。来自浙江、全国和全球的 300 余位浙商参加了会议。笔者应邀出席会议并发表即席演讲，具体内容如下。

　　当我们下飞机踏上贵州的土地，心情便变得格外兴奋，因为这里山清水秀、阳光灿烂，因为这里是多彩贵州。步入今天的会场，我们心潮澎湃，因为我们再次感悟到了贵州发展的潜力，看到了贵州发展的优势和发展的动力！

　　首先，请允许我代表广大浙商，代表浙商发展研究院，对"浙商入黔"助力贵州高质量发展大会的举行表示热烈的祝贺！我们注意到，参会的企业家非常之多。会议在这个时候召开，应该说是很难得的。我们浙江来了那么多的企业家，而且我发现这次来参会的大多是成长型、实力型的企业，这足以说明浙商是真心实意来贵州发展的。

　　昨天下午，贵州省委书记、省长以及党政多位领导和省政协有关领导亲切会见了浙商代表。听完省委书记和省长关于贵州情况的介绍后，我们再次深切地感受到了贵州的发展成就和发展优势。长期以来，特别是近些年来，贵州在全面脱贫尤其是彻底消除绝对贫困方面取得了历史性成就，在基础设施建设和发展大数据产业以及旅游业等方面都取得了可贵可喜的成绩。贵州创造了"黄金十年"快速发展期。"贵州取得的成绩，是党的十八大以来党和国家事业大踏步前进的一个缩影。"在这里，让我们以热烈的掌声，对贵州省这十年来的发展成就表示衷心的祝贺！

浙商是一支有着近千万规模的大队伍，他们在浙江、在全国各地和世界各地拼搏创业。他们在创造自己事业的同时，也为社会创造着巨大的财富。浙商在贵州的情况，刚才李再勇常务副省长给我们作了概要介绍：浙商在贵州有着近50万人的队伍，有着1.5万家法人企业，年创税收40多亿元，创造就业岗位50多万个。在贵州大地上，浙商用汗水和智慧展示着属于自己的风采，为贵州的发展作出了应尽的努力和贡献。但我们更应看到，浙商在贵州所取得的成绩，跟贵州省委、省人大、省政府、省政协及贵州的广大干部群众的关心和支持是分不开的。在这里，我代表广大浙商，对贵州省长期以来对我们浙江发展的支持和为浙商在贵州的发展所创造的良好环境，表示衷心的感谢！

昨天下午，我们听了省委书记和省长关于贵州情况的介绍，刚才又听了李副省长的介绍，我有一个很深刻的感受想和大家分享，那就是——今天的贵州，想不发展都难！贵州正走在快速发展、高质量发展的新的征程上，正处在一个将会有更大的跨越式发展的时期！

贵州不但是一块红色的土地、绿色的土地，也是充满着发展机遇、无比活跃的热土。我衷心希望浙商们能多来贵州走走，有更多的浙商来贵州投资发展，能深深地扎根在这片发展的新高地上。同时，我也希望已经在贵州发展的浙商，能介绍更多的浙商朋友到贵州投资发展。因为，无论是从浙商角度，还是从贵州角度来讲，这里都处在一个转型发展的新阶段，充满着无限的发展机遇。

我到过全国许多地方，我深切地感受到贵州的发展环境、营商环境是非常好的，是一流的。更重要的是，我们浙江和贵州有着非常深厚的历史渊源。我们浙江人和浙商来到贵州，不但要在这里创业、发展，而且还要很好地传承、领悟王阳明心学的精神要义。古时阳明先生在贵州龙场悟道，今天浙商也要在贵州悟道。我们要悟新时代的发展之道，悟新时代的高质量发展之道，悟新时代的绿色发展和统筹发展之道，悟新时代的高科技创新发展之道，悟新时代的开放发展和共建共享发展之道。由此进一步提升我们的发展质量，为加快推进社会主义共同富裕和提升人民美好生活水平贡献我们的力量。

刚才，蔡副省长讲到我们浙商是敢于追梦、勇于造梦、善于圆梦的企业家群体。我衷心希望，在贵州这片热土上，广大浙商能够追更多的梦、造更多的梦、圆更多的梦，为浙商发展、浙江发展作出更大的贡献，也为贵州发展作出我们浙商应有的贡献！

第二篇 浙商助力共同富裕

随着全面小康社会的实现，我国开启了全面建设社会主义现代化强国的新征程，人民对美好生活有了更多更高的新要求新期盼。逐步推进全体人民共创共享的共同富裕实践，已成为新时代的主导音符。浙江是党中央、国务院确定的推进高质量发展建设共同富裕示范区的省份，责任重大，使命光荣。浙商应更自觉地投身推进高质量发展建设共同富裕示范区的伟大实践，并作出无愧于新时代的历史性贡献！

经济高质量发展的基本内涵及趋向

党的十九大报告提出，中国特色社会主义进入新时代。在经济方面，就是"由高速增长阶段转向高质量发展阶段"。推进经济高质量发展，加快构建现代化经济体系，实现现代化经济强国，是我国新时代经济发展的特征。

所谓高质量发展，就是按照创新、协调、绿色、开放、共享的发展新理念，能够更好满足人民日益增长的美好生活需要，生产要素投入少、资源配置效率高、资源环境成本低、经济社会效益好的可持续的发展。通俗地说，高质量发展就是从过去侧重于"有没有""快不快"转向"好不好"的发展，是我国经济发展由高速、快速增长转向以创新为第一动力、以协调为内在特点、以绿色为普遍形态、以开放为必由之路、以共享为根本目的的发展，也就是坚持质量效率第一、美好生活优先的发展。

高质量发展是我国经济未来长期的发展趋向。我们党和国家统领经济工作的基本着力点，就是要推进经济的高质量发展。这就需要我们深刻地认识和把握高质量发展的主要内容及其基本特征，自觉遵循经济发展的客观规律，顺势而为，因势利导，确保我国经济沿着正确的轨道健康发展。

根据人类经济发展一般规律和中国经济发展特点，我们认为，中国经济高质量发展的基本内涵及趋向主要有八个方面。

一、发展的中高速趋向

我国经济高质量发展首先意味着增长速度的转换。

目前，我国经济正处于由高速、快速增长向中高速增长的转变期。应该说，年均增长5%—7%左右，都属中速或中高速增长的范围。从长期趋势看，我国经济逐步进入6%左右的中速增长，都是正常的。增长速度太快不见得是好事，速度适度下降也不一定是坏事。一切都取决于经济结构、经济效益和国内外市场环境，尤其取决于经济发展进程中不同历史阶段起主导作用的增长动力。通常情况下，工业化早中期是快速增长阶段，工业化中后期增长速度则会缓慢下来。这是各国工业化发展进程中带有规律性的普遍现象。

有些学者认为，我国与其他国家的国情不一样，具有长期保持中高速增长的客观条件。这个判断是可以成立的。但是，并不能由此推导出我国经济增长只能"中高"不能"中速"的结论。我们不能违背经济发展的普遍规律：任何国家在经济现代化进程中都要经历一个由量的较快扩张到产业、经济结构的质的转型提升阶段，而且与此同时，社会结构也有一个转换阶段，经济增速必然会逐步有所减缓，以利于推动经济社会结构的转型升级。由于我国有着独特的制度优势、超级的市场容量和各地巨大的发展差异等国情，客观上我国经济的增长速度完全有可能比其他进入发达经济体的国家快一些，但总体上减缓下来则是不可避免的。我国十年来的发展实践也证明了这一点。

高质量发展意味着我们不再单一地追求经济增长的速度。当然，经济增长的底线还是需要坚守的。比如，近期的GDP增速保持在6.5%左右，都是可以容忍的。今后，我们对经济增速应持更高的容忍度，这样才能更好地顺应高质量发展的客观趋势。

二、发展的优质化趋向

我国的高质量发展不但意味着增速会有所回落，更重要的是增长质量的变革。

目前，我国正处于转变经济增长方式的攻关期，经济发展从"有没有""快不快"向"好不好"转变，由注重量的增长到注重质的提高，由中国制造向中国智造、中国创造转变，必须坚持质量第一、质量至上。

增长速度适度减缓下来，客观上意味着需要推动产业结构、经济结构以及经济社会结构的转型升级。经济发展的优质化，也就是以发展质量论英雄，发展效益优先。

我国经济在经历了国际金融危机十年调整后，由高速增长转向中高速增长，近几年来增速大都稳定在6.7%—6.9%之间，这说明经济增速过快下行的现象得到了控制，经济工作的重心可以更明确地放到加快提高经济质量和效益上来。这是推进高质量发展良好的客观条件。党的十八大以来，中央明确作出了我国经济发展进入新常态的科学判断，着力推进供给侧结构性改革，积累了丰富的实践经验，有效凝聚了市场共识并改善了市场预期，从而为推动经济结构调整、要素效率提升、发展动力转换，实施质量变革、效率变革、动力变革，创造了很好的社会环境。

我们这里讲的经济发展优质化，首先是相对于重经济增长速度而言的，也就是说要把重心放在经济结构、经济效益、经济运行的优化上来。高质量发展具有十分丰富的内涵和意义，但其中最重要、最关键的是经济结构、经济效益、经济运行的优质化。优质化是我国经济高质量发展的主题，也是基本的发展趋向。

三、发展的科技化趋向

经济高质量发展的根本动力是科技创新。经济要实现质量变革、效率变革、动力变革，最主要的是依靠科技的进步。没有现代科技的进步，就不会有现代经济的发展之源。经济的高质量发展，归根结底取决于科技创新是否成了第一动力。

这些年来，我国科技进步对经济增长的贡献率提升较快。2009年，我国科技进步对GDP的贡献率是39%左右，到2017年则上升到了57.7%。但目前多数发达国家的科技进步对经济的贡献率已达70%以上，美国、德国则高达80%左右。

经济发展的科技贡献率较低是目前我国经济发展的一个重要软肋。好在我们正赶上了现代信息技术、互联网技术泛化普及的历史性机遇，而且我国的商业应用模式和市场巨大，可望借此加快提升我国经济发展的科技化水平，缩小与发达国家的差距。党和国家也早已就实施创新强国战略作出了部署，采取了举措。党的十九大报告强调要推动互联网、大数据、人工智能技术和实体经济的深度融合，这是推动我国高质量发展的重要一招。

不但国家要重视科技创新，企业也要高度重视科技进步，广泛运用互联网技术以实现转型发展，不断提升企业的创新能力和竞争优势。唯有如此，我国经济才能立于不败之地，才能行稳致远。

四、发展的金融化趋向

金融资本是经济的灵魂。经济高质量发展离不开现代金融，但经济过度金融化则意味着风险的加大。

也许有些人不太了解经济的金融化过程，或者不认为有经济的金融化问题。实际上，只要有货币或货币充当一切商品的等价物，只要有资本市场存在，就必然存在着经济的金融化过程。

所谓经济金融化，就是一切产品（包括服务产品）进入市场的货币化、资本化过程。我们知道，在市场交往和市场运行过程中，交易物（产品）都是通过货币资本（资金、资产）来计量、兑现的，而且货币资本本身又具有一定的价值，可以交易买卖，从而形成了以货币、资金为直接交易的巨大的金融资本市场。金融资本市场是经济金融化最集中的表现，但也是经济（金融）风险最频发的地方。

金融是经济发展的血液、杠杆，也是经济的兴奋剂、加速器。现代经济的基础仍是实体经济，但基本动力是科技进步，而核心资源则是金融资本。推进高质量发展和建立现代化经济体系，关键的一招是加快发展持续健康成熟的现代金融，包括金融资本市场。

金融资本市场作为现代经济的晴雨表和暴风眼，处处潜藏着金融风险。因此，现代经济监管的重点和难点大都在金融资本领域。我们一方面要积极提升经济发展的金融化水平，鼓励和引导实体经济合理合规地运用金融资本，另一方面又要守住不发生系统性的、重大的金融风险底线，切实防范和化解金融风险，不断增强金融资本服务实体经济的能力，从而使实体经济与金融资本良性互动，使我国经济持续健康发展。

五、发展的美好生活趋向

经济的高质量发展，当然包括消费需求的优质化。

没有生产就没有消费，同理，没有消费便没有生产。这是经济循环运行的铁律之一。有效供给与有效消费是统一的。而市场消费需求的关键，就是人民群众的消费能力、消费结构、消费环境和消费理念。因此，从需求看，高质量发展应该不断满足人民群众丰富多样化的、不断升级的美好生活的需求，这种需求又可以反过来引领生产供给体系和产业结构的变化，而供给的变革又可以催生出新的需求。供给与需求的良性循环互动，推动经济持续的高质量发展。

以人民为中心是我国经济和社会发展的根本出发点。满足人民日益增长的美好生活需要，首先要涉及生活需求结构和生活能力问题。我们不但需要建设生产大国、制造强国、出口大国，而且还需要建设消费大国、市场大国、生活大国。我们要推进的经济高质量发展，包括提高人民的生活水平和生活质量。没有高质量的生活品位和高质量的市场消费需求，高质量的发展（生产、供给）也就无从谈起。尽管逻辑上先有生产才能消费，但在经济周而复始的运动中，它们是一个过程的两个环节。

当前，我国人民的生活（市场）需求已经从温饱小康阶段迈入大众（高）消费时代，2017年，市场消费对经济增长的贡献率已达到了58.8%，服务业增加值占比则超过了60%。事实上，我国正在逐步成为一个消费大国、生活大国。适应人民群众追求更加美好生活的需求，必须改善人民的消费需求环境，优化消费结构，提升生活品质。

企业家应强化客户理念，以千家万户的市场需求为企业发展的基本导向。市场消费需求或者说人们的生活需求并不是消极被动的，不只是供给什么就消费什么的，其实，消费需求和生活需求也是创新创造的过程，可以引领或创造新的有效生产和供给。

因此，我们必须高度重视并积极推动经济发展的生活化趋向。

六、发展的包容化趋向

经济的高质量发展离不开社会结构的协调互进。

毫无疑问，任何现实的经济发展都是在整个社会环境里运行和实现的，而且经济的主体——人和国家，也不单纯是一个理性的"经济人"。在现实社会里，由于各种原因，人的能力是有差异的，人的需求也是多样的，社会领域的发展需求更是丰富多彩的。这就决定了经济发展领域有一个互利问题，在经济发展和经济活动之外的社会领域，还需要解决互助、共享、公平的问题。

当前，收入分配差距较大、经济发展与社会发展不够协调、教育卫生等公共服务产品供给不充分、城乡和区域发展不平衡等问题，都迫切需要缓解，也就是说需要不断提高经济发展的普惠性和共享性。我们要在重视经济发展效益的基础上，努力推动经济发展成果共创共享，推动社会各方面事业协调发展。

高质量发展并不只是纯经济、纯市场行为，同时也包含社会的普惠性、共享性的内在要求。从一定意义上讲，我国经济的高质量发展，是以普惠性、共享性为重要特点和根本目的的。

七、发展的绿色生态化趋向

经济发展的绿色化、生态化是现代文明的重要标志，也是经济高质量发展的应有之义。绿色生态化应是高质量发展的普遍形态和特征。

经济发展的生态化，主要包括三大方面内容：经济发展方式本身的低碳、集约、可循环、可持续性，经济社会发展与自然生态环境的有机统一，人们生活方式的生态化。生态文明也是当今人类发展的一个重要方面。

长期以来，在世界工业化进程中，通常都伴随着对生态环境的严重污染和破坏。进入工业化中期，生态环境恶化现象进一步加剧，人类不得不付出巨大代价保护和治理生态环境。

我国在工业化进程中，早已形成了生态保护意识，采取了许多得力举措，以加强环境保护和治理。党的十八大以来，全党全国更加深刻地认识到"绿水青山就是金山银山"，并明确将其作为我国绿色发展的基本理念。人与自然是生命共同体，人类必须尊重自然、顺应自然、保护自然。习近平同志指出："我们要建设的现代化是人与自然和谐共生的现代化，既要创造更多物质财富和精神财富以满足人民日益增长的美好生活需要，也要提供更多优质生态产品以满足人民日益增长的优美生态环境需要。必须坚持节约优先、保护优先、自然恢复为主的方针，形成节约资源和保护环境的空间格局、产业结构、生产方式、生活方式，还自然以宁静、和谐、美丽。"[1]

现在，建设生态文明、美丽中国已成为我国社会主义现代化的基本战略目标，污染防治也已成为我们未来三年必须坚决打赢的三大攻坚战之一。我们完全可以期待，我国经济社会发展的生态化必将结出更加灿烂的果实，一个人与自然和谐发展的现代化建设新格局正在中国大地形成，并将为人类的生态文明建设贡献更多的中国智慧。

八、发展的全球化趋向

开放是我国现代化建设和推进高质量发展的必由之路。高质量发展是世界意义上的高质量，现代化强国是世界方位中的强国。

改革开放40多年来，我国一方面坚持走自己的路，另一方面又面向世界、走进世界，实现了我国与世界各国的优势互补，推动了中国和世界经济的共同发展。如今，中国已成为世界第二大经济体，中国对世界经济增长作出了重大贡献。据联合国发布的《2018年世界经济形势与展望》报告指出，2017年中国对全球经济增长的贡献约为三分之一。

高质量发展必须着眼于全球化。因为当今世界是一个全球高度融合发展、国际市场高度一体化的共同体，高质量发展只有在高度开放

---

[1]《习近平著作选读（第二卷）》，人民出版社2023年版，第41—42页。

的全球化过程中才能实现。因此，我国经济要继续广泛融入世界经济的发展体系，并积极参与全球经济治理，不断提高我国在全球经济治理中的话语权，为推进我国经济高质量发展和构建全球经济命运共同体铺设开放之路。当前，中国越来越成为推进全球化的引领力量。随着"一带一路"建设的深入实施，我国对外开放水平在不断提高，对世界发展也将作出更多更大的贡献。

以上八个方面，从宏观经济层面简要分析了中国经济高质量发展的基本内涵及其趋向。

推动高质量发展，建设现代化经济体系，是我国发展的战略目标。推进和实现这一发展战略目标，必须牢牢把握高质量发展的基本内涵，从过去侧重于"有没有""快不快"转向"好不好"的发展，走质量高、效益好、可持续的发展之路；必须牢牢把握高质量发展的基本要求，就是要坚持质量第一、效率优先；必须牢牢把握推进高质量发展的基本主线，就是坚定实施供给侧结构性改革；必须牢牢把握推进高质量发展的基本路径，就是坚持推动质量变革、效率变革、动力变革；必须牢牢把握推进高质量发展的基本着力点，就是要加快建设实体经济、科技创新、现代金融、人力资源协同发展的产业体系；必须牢牢把握推进高质量发展的基本制度保障，就是要构建市场机制有效、微观主体有活力、宏观调控有度的社会主义市场经济体制。

推动高质量发展是我们党和国家当前和今后相当长时期谋定发展思路、制定经济政策、实施宏观调控的根本要求，为此，必须加快形成推动高质量发展的指标体系、政策体系、标准体系、统计体系、绩效评价、政绩考核，下决心扎实有力地推动我国经济在实现高质量发展上不断取得新的进展，使建设中国特色社会主义现代化经济强国的伟大梦想早日成为现实。

高质量发展与浙商新使命

　　题记：2021年，浙商研究会编纂出版了《浙商高质量发展之路》一书，笔者应邀为此书作序，具体内容如下。

　　新时代新征程，必然赋予新使命，带来新变革。

　　"高质量发展"和"共同富裕"正成为新时代中国特色社会主义发展的主旋律，"高质量发展建设共同富裕示范区"正成为新时代浙江发展的最强音，一场人类历史上大规模、有规划、有组织、自觉地推进高质量发展建设共同富裕的伟大实践，拉开了时代序幕，开启了历史征程。这又将是一场空前的历史性大变革。浙商要义不容辞地投身这场大变革，历史性地担负起时代新使命——在高质量发展中促进共同富裕。

　　走高质量发展与共同富裕之路，必须要悟透高质量发展和共同富裕的科学内涵及其互为因果的联系。我们讲的高质量发展和共同富裕，是指中国特色社会主义进入新时代，在全面建成小康社会基础上、推动高质量发展进程中，全体人民通过自己辛勤劳动和相互帮助，持续促进物质生活富裕富足、精神生活自信自强、自然生态环境宜居宜业、社会环境和谐和睦、社会公共服务普及普惠、人和社会全面进步的美好生活状态。高质量发展既是实现共同富裕的前提，也是共同富裕的主要内涵和具体呈现。共同富裕是推进高质量发展中的共同富裕，只有高质量、高水平的发展，才能实现真正的共同富裕。没有高质量发展，共同富裕将成为无源之水、无本之木。党中央明确指出，共同富裕，首先是要把"蛋糕"做大做好，然后才是把"蛋糕"切好分好，还特别强调这是一个长期的历史过程。这说明发展是第一位的，不是简单靠分配解决问题。同样，高质量发展理应包括新时代的绿色发展和统筹发展之道，新时代的高科技创新发展之道，新时代的开放发展和共建共享发展之道。总之，推进高质量发展和共同富裕，实质上就是一个在中国特色社会主义道路上全面推进物质文明、政治文明、精神文明、社会文明和生态文明的过程。这"五大文明"提升的过程，就是共同富裕实现的过程。所以，共同富裕是一个共建共享的过程。共同富裕在实现程度水平上是有差异的，在时态上是有先后的。现实中的共同富裕既不是同步实现的，也不是同等水平的，同步富不现实，均贫富甚至劫富济贫更是行不通。共同富裕的动力来自人们的奋斗，共同富裕是人们付出辛劳汗水奋斗出来的。劳动是社会财富的源泉，奋斗是共同富裕的动力。

新时代新使命必须要有新作为。浙商要成为高质量发展、推动共同富裕的示范生、主力军和奋斗者、践行者，在未来的征途上再造浙商新辉煌。浙商从来就有非常高的政治觉悟和政治敏锐性，他们向来高度关注党和国家、省委和省政府的重大决策部署。改革开放以来，浙商一直是引领浙江发展的一个重要群体。现在，浙商应继续引领高质量发展，积极推进共同富裕。走高质量发展之路，推进共同富裕，是我们这一代浙商的新使命和新任务。浙商必须更多地承担起高质量发展建设共同富裕示范区的社会责任。浙商是高质量发展建设共同富裕示范区的践行者，也是受益者。对广大浙商而言，最重要的任务是"办好自己的事"，办好自己的企业，创造更多的就业机会和经济成果，为社会创造更多财富，让更多人获得更好的生活，实现先富带后富、先富帮后富，在高质量发展中促进共同富裕。这是浙商的"本职"，也是为共同富裕作贡献的"正道"。

为了见证浙商的"使命必达"，表彰宣传和引导广大浙商以实际行动投身高质量发展、推动共同富裕、谱写新时代壮丽篇章的伟大实践，浙江省浙商研究会深入浙商之中挖掘采访了一些典型案例，及时总结研究浙商的好做法好经验，聚集浙商在推动高质量发展建设共同富裕事业中的先进事迹，汇集编成了《浙商高质量发展之路》，并公开出版，让更多的企业借鉴典型经验，为浙商走好高质量发展共同富裕之路营造良好的舆论氛围。显然，这是一件非常有意义的事。

我们坚信，广大浙商一定能走好新时代的赶考之路。让我们响应党的号召，勿忘昨天的苦难辉煌，无愧今天的使命担当，不负明天的伟大梦想，埋头苦干，勇毅前行，为实现第二个百年奋斗目标、实现中华民族伟大复兴的中国梦而不懈奋斗！

企业家要做推动共同富裕的生力军

题记：2021年11月，笔者受邀出席某企业家论坛，围绕企业家如何正确理解和助力共同富裕发表演讲，具体内容如下。

中国特色社会主义进入新时代以来，党和国家深刻把握我国发展阶段新变化，把逐步实现全体人民共同富裕摆在更加重要的位置上，推动各地区域协调发展，采取有力措施保障和改善民生，尤其是打赢脱贫攻坚战和全面建成小康社会，为促进共同富裕创造了良好条件。现在，我国已经到了扎实推动共同富裕的新阶段。党中央明确提出，到"十四五"末，全体人民共同富裕迈出坚实步伐；到2035年，全体人民共同富裕取得更为明显的实质性进展；到本世纪中叶，全体人民共同富裕基本实现。党中央还明确要求，将制定促进共同富裕行动纲要，提出科学可行、符合国情的指标体系和考核评估办法。党的十九届六中全会审议通过的《中共中央关于党的百年奋斗重大成就和历史经验的决议》中，再次强调要始终坚持全心全意为人民服务的根本宗旨，坚定不移地走全体人民共同富裕道路。此前，党中央、国务院还正式下发了《关于支持浙江推进高质量发展建设共同富裕示范区的意见》。由此，中国共产党组织领导下的人类历史上一场大规模、自觉推进共同富裕的伟大实践，正式拉开了新的时代序幕。这将是中国共产党团结带领人民进行的又一次空前的历史大变革。

一、浙商要为新时代高质量发展建设共同富裕示范区作出新贡献

党中央把新时代高质量发展建设共同富裕示范区的重任交给浙江，充分体现了习近平总书记和党中央对浙江人民的深厚感情和殷切期望，充分反映了我国新时代经济社会发展的必然趋势，也充分反映了浙江人民的共同心愿。这样，浙江作为全面展示新时代中国特色社会主义制度优越性的"重要窗口"，被赋予了新的使命新的要求。这是浙江人民的荣光和责任。

浙商一直以来就有很高的政治觉悟，也一直以来都有自觉学思践悟党和国家、省委和省政府决策部署的政治意识。浙商是推进浙江高质量发展建设共同富裕示范区的重要主体和骨干力量，要认真学习中央和省委有关要求，正确领会共同富裕的内涵和实质，自觉承担起新使命新责任，满腔热情地参与实现共同富裕的伟大实践，为高质量发展和共同富裕建设作出新贡献。

二、全面正确地理解共同富裕丰富内涵

思想是行动的指南。企业家们要积极且有效地参与、推动共同富裕，首先就要全面正确地理解共同富裕。只有科学地理解和把握共同富裕，并结合企业自身发展实际，采取相应的实际措施，才能更有效地参与和推动共同富裕实践。

那么，什么是共同富裕呢？

我们首先要认识到，共同富裕不是内涵单一的、狭义的抽象概念，

它作为我们党和国家引领新时代发展的一个重大战略决策，实际上是现实生活中的一套制度、体制、政策的理论和实践体系，是新时代伟大变革实践的重要内容和特性。因此，新时代共同富裕的伟大实践有着极为深刻的内涵，我们不应对之作静态的狭隘理解。

当然，要讨论问题，就需要对共同富裕进行界定。否则，大家就会缺乏讨论问题的共同逻辑前提。按字面直接理解，共同富裕就是大家共同富有、共同过上好日子。在我国，共同富裕是全体人民在全面小康基础上生活水平较高、生活品质较好、收入差距比较合适、人和社会较为全面进步的美好状态。

如果要对今天中国推动的共同富裕作比较全面的科学界定，需要用到许多前置语、修饰语来加以说明。我们认为，我们讲的共同富裕，是指中国特色社会主义进入新时代，在全面建成小康社会基础上、推动高质量发展进程中，全体人民通过自己辛勤劳动和相互帮助，持续促进物质生活富裕富足、精神生活自信自强、自然生态环境宜居宜业、社会环境和谐和睦、社会公共服务普及普惠、人和社会全面进步的美好生活状态。

这个界定比较长，我们主要应把握以下几点。（1）共同富裕是全体人民的"美好生活状态"，这个状态是综合性、总体性、全方位的社会发展和进步状态。（2）实现共同富裕走的是中国特色社会主义的道路。（3）共同富裕是全面建成小康社会后的发展新阶段，是新时代的共同富裕。（4）共同富裕是推动物质文明、精神文明、政治文明、社会文明和生态文明统筹发展、人和社会全面进步的过程。（5）共同富裕的主体是全体人民，而不是少数人的富裕。（6）共同富裕是在推进高质量发展中实现的，只有做大做强"蛋糕"，才能切好分好"蛋糕"。（7）共同富裕不是同等富裕，更不是劫富济贫。（8）实现共同富裕也是有先有后的，通常是一部分人先富带动多数人共富。（9）共同富裕的根本动力来自人们的共同奋斗和相互帮助。（10）共同富裕既是历史过程又是十分紧要的现实任务，急不来也等不得，要脚踏实地，采取更多举措，扎扎实实推动共同富裕取得实质性进展。

新时代的共同富裕，有着丰富而深刻的内容，有鲜明的中国特色和时代特性，对推进中国式现代化、实现中华民族伟大复兴梦想具有历史性意义。

三、企业参与社会共同富裕实践的两个基点

企业家参与社会共同富裕实践，我们认为，首先要解决好两个基本前提。

第一，要做好企业自身"创富"这篇大文章，也就是要把自己的企业办好。企业办好了，就是用实际行动投身于共同富裕建设；企业办不好，谈何助力社会共同富裕呢？企业实现高质量发展，就可以解决一些人的就业问题，也可以力所能及地为解决其他社会问题创造条件。企业能"多打粮食"、多缴税，实际上就是在推进社会的共同富裕。

第二，企业家与企业员工要有"共创共富"的共同体意识。也就是说，企业家要统筹考量市场规则、法治规定、企业发展和社会整体环境等因素，在可能情况下，要尽力提高企业员工工资、福利待遇水平，积极改善企业工作、学习环境，促进企业全面发展和员工全面进步。这些都是企业共创富裕的实际行动。

总之，企业家首先要打牢企业良好发展的根基，把自己的企业办好，让企业员工共富起来。这就是企业参与社会共同富裕的两个前提基点。如果这两个基点不牢不实不好，就谈不上参与社会的共同富裕。我们要明白这样一个道理，企业发展本身就是创富过程，企业共建共享富裕是整个社会实现共同富裕的重要内容。

四、企业参与社会共同富裕实践的三大重点领域

当我们说要着力解决共同富裕问题时，实际上是要着力解决好社会发展中存在的一些较为突出的问题和矛盾。

我国社会现阶段的主要矛盾，是人民日益增长的美好生活需要和不平衡不充分发展之间的矛盾。这意味着不断满足人民日益增长的美好生活需要是我们经济社会发展的根本任务，企业发展归根结底也是为了实现这个根本任务。从唯物史观和历史常识讲，人们对美好生活的需要是永无止境的，并且生产力等社会发展水平永远要适应、追赶这种需要。我国社会现阶段主要矛盾还意味着，目前我国发展除了因"不充分"而不能很好满足人民日益增长的美好生活需要外，重要的是还存在着发展"不平衡"问题。

这种"不平衡"表现在许多领域、许多方面，当前主要有三个。

第一，区域发展不平衡。我国幅员辽阔，有发达地区和欠发达地区，东部、中部、西部发展存在明显差异。浙江也同样存在区域发展不平衡不协调问题。

第二，城乡发展不平衡。目前，城市的发展水平、居民收入、福利待遇水平相对较高，多数农村相对欠发达，就业途径少，收入水平也较低，社会保障、医疗教育等条件虽有较大改善，但仍然还差着一大截。

第三，人群收入不平衡。高收入人群和低收入人群收入差距大。尽管我国解决了绝对贫困问题，但低收入人群、困难人群还是大量存在的。

这三大不平衡，是我国现阶段发展中的矛盾和痛点，也是我们推进共同富裕的着力点。企业家推进社会共同富裕的力量用在哪里？我们认为，主要就应在这三大领域发力。

五、企业参与社会共同富裕实践的四大基本路径

企业参与推进社会共同富裕实践的路径主要有哪些？可以说，企业助力社会共同富裕的形式、渠道、方法是多种多样的，但最主要、最基本的路径有四个。

第一，立足产业致富助富推富。立足产业做事是企业的分内活。企业自身的发展和参与社会共富实践，都应发挥自己的产业产品优势。企业离开产业产品本行去讲共同富裕，就有可能本末倒置，或者缺乏持久动力。我们认为，企业创富助富的根本之道，就是要通过发展产业来助推社会共同富裕。也就是说，企业最好将自己的产业产品优势与社会共建共富活动结合起来。这样，既可以促进企业发展，又可以推动社会共同富裕。这是企业最有生命力的路径，是越走越宽广的阳光大道。这条大道，简单地说，就是要千方百计造更多更好的"物"。这个"物"是物品，也就是物质财富。造物的"富"，是基础性、源流性的"富"。共同富裕就是造出更多更高质量的"物"。

第二，立足培育人塑造人。人是致富的主体，也是共享富裕的主体。因此，培育更高质量的人，才是致富的根本。人的素质提高了，就能为社会共同富裕提供更多更强的动能。一切财富都是人创造出来的，一切社会进步都是人奋斗的结果，因而人的素质和人力资本的提升是推进共同富裕的最大动力。投资人力资本培育人，本质上就是投资人们的致富能力。企业家在注重提升企业员工素质的同时，参与助力社会共同富裕就要注重投资培养人的领域和项目。大企业培育和带动中小企业、支持年轻人创新创业，也是在助力共同富裕。我国推进共同富裕的一个重大思路和举措，就是巩固和扩大中等收入群体，形成橄榄型社会结构，为推进共同富裕打牢良好的社会阶层结构。这需要源源不断地培育和塑造能创造更高价值，进而能取得较高收入的人

群。共同富裕需要造就出更多高素质的"人"。

第三，要立足育心造心。奉献爱心是一种高尚的思想境界和做人修养。有时候不花钱或少花钱也可以做大爱大善的事。企业家参与社会共同富裕，其中很重要的一个方面是要把奉献爱心化为自觉行动，把爱写在人们心坎里，为这个社会增添更多的爱。助力共同富裕要在情怀、善行、爱心等方面多做文章，而不是捐点钱就完事了。企业家在出钱捐钱的同时，还要亲力亲为更多地参与社会善举行动，多注重献"爱心"。比如，多参加慈善等社会公益活动，也许更能教育人、感化人。共同富裕包括"心"的"温度"、"脑"的"富有"、文明的"富足"。共同富裕的社会，应该是充满爱心、充盈温暖的文明社会。这需要人人献出更多的爱心，需要培养出更多有大爱之"心"的人。

第四，立足育景造景。这个"景"是景色，是环境。环境主要分自然环境和社会环境两大类。良好的自然生态环境和和谐的社会环境，是人类生存和发展必需的公共产品，也是共同富裕的重要内容和目标。企业家做好节能减排降碳，加快产业产品结构调整，推进更高质量发展，参与保护自然生态环境，营造有序和谐的社会环境，实际上就是在推动共同富裕建设。共同富裕需要有更良好的自然和社会环境，而且良好的环境本身就是共同富裕的内容和目标，因此，我们要多为社会创造更高质量更美好的"景"。

总之，企业家参与社会共同富裕建设的形式是很多的，但归纳起来，最主要应围绕创造更高质量的"物"、更高质量的"人"、更高质量的"心"和更高质量的"景"四大基本路径来展开。

六、给企业家参与共同富裕实践的五点建议

一般地讲，企业家是先富起来的群体，是在奔富路上走在前列的人群。如何看待和参与推动共同富裕实践，我们再提几点建议。

第一，要满腔热情拥抱这个大趋势。在当今和未来中国，加快推进高质量发展，更大步子迈上共同富裕之路，将是一个大方向、大趋势。大家一定要认清这个大趋势，要拥抱这个共富新时代。共同富裕是中国共产党领导下中国人民进行的一次具有历史和世界意义的伟大创造，浙商要继续发扬听党话、跟党走的好传统，跟着时代前进的步伐前进，才会有更广阔的发展前景。

第二，"大要有大的样子"。企业家是经济发展的主体力量，是社会进步的骨干人群，是社会的一个庞大的群体，在社会发展中起着重要作用。"大要有大的样子"，企业家要为社会发展承担更多责任，作出更多贡献，要当好示范、作好榜样。企业要守法经营不越轨，厚德载物不野蛮发展，不与民争小利，要有大格局，要把财力精力更多地用在高科技、高质量发展上，更自觉地把企业的前途命运与实现中华民族伟大复兴事业结合起来。

第三，要有大胸怀大情怀。企业家当然要讲经济效率，否则，就不是在办企业了。但社会发展是多维的、立体的，人的需求也是多方面的。所以，企业家作为社会发展的骨干主体和先进群体，应该有更大胸怀和责任，要坚持义利兼顾、物心相济、达己达人，有得诸社会还诸社会的境界。企业家既要有创富聚财之能，也要有善于分享财富之心。新时代要树立造富与享富、取与舍相统一的财富观。我们要身体力行地参与整个社会的共同富裕实践。

第四，要做推动共同富裕的模范生。改革开放以来，浙商一直是引领浙江、引领中国发展的一个重要群体。现在，浙商应继续引领高质量发展，积极推进共同富裕。新时代新作为，浙商要成为推动共同富裕的示范生、主力军和奋斗者，在未来的征途上再创浙商新辉煌。

第五，要抓住共同富裕创造的发展大机遇。共同富裕是我们的使命和责任，我们要为此贡献力量，但千万不要把推进共同富裕看成只是出钱而已。要知道，建设共同富裕是创造更多财富的过程。如果不创造出更多财富，那就不是我们所追求的共同富裕。实现共同富裕的过程也是资源更加优化发展、区域更加协调发展的过程。这些都会孕育新的发展机遇，企业家要运用好这些机遇带来的"新风口""新红利"。

共同富裕是新时代发展的大趋势。中国共产党正领导中国人民踏上实现第二个百年奋斗目标的新征程，全国各族人民正在意气风发地创造着更加美好的生活。浙商要在共同富裕道路上为中华民族伟大复兴作出更大的贡献！

共同富裕：时代话语背景下
企业家的价值定位诠释

2021年11月，浙商研究院院长王永昌受邀出席某企业家论坛并围绕企业家如何正确理解和助力共同富裕问题发表了即席演讲。演讲实录经整理后，以《企业家如何发力共同富裕》为题在"学习强国"浙江学习平台刊发，点击量迅速突破10万，并在全社会引发较大反响，也使"共同富裕"成为浙江企业家群体的热议话题。该文主题鲜明，把握准确，紧扣企业家，生动形象有力度。综观全文，立意与思考清晰，诠释内容丰富而深刻，有着较为显著的感染力、传播力、引领性和前瞻性。可以说，该文的最大意义，在于通过时代话语背景下的诠释，清晰了企业主体在国家共同富裕宏观战略中的定位和价值。

富有活力的民营经济以及根植于浙江发展的大批企业家是浙江改革开放以来的重要特色，或者说最值得关注的社会力量。作者长期追踪、研究浙江企业家群体，对浙江企业家以及浙江省情有自己独特的认识。该文最值得关注的，是在"共同富裕"这一崭新的发展语境下将企业以及作为企业发展关键的企业家作为一个重要参与者加以讨论，并且提出了企业和企业家参与推进共同富裕取得实质性进展的现实路径和可行模式，富有理性、建设性和现实意义。因此该文的社会现实立意有着显著的实践性和前瞻性，也显示了该文立意之深邃。

与此同时，该文的可贵之处还在于，在讨论企业参与共同富裕的具体内容、具体模式之前，首先对共同富裕的实质意义进行了诠释，同时在这一宏阔社会发展战略中，企业和企业家所能发挥的作用也因此得到进一步的清晰。不难想见，"富裕"是企业家及其企业的天然追求。而企业家在谋求富裕的过程中，必须以优质产品和服务满足市场，必须推动人才结构的优化和技术水平的提升，必须不断进行自身社会定位的探索，也必须凝聚劳动者个人发展与企业发展的最大向心力，许多具体实践与"共同富裕"的发展战略是高度吻合的，企业家对"富裕"的个人追求与我国"共同富裕"的发展战略也是具有共通性的。正如作者在文中所提出的，共同富裕有着丰富内涵，推进共同富裕是一项系统、长期又十分现实的重大工程。作为在以企业家为主要参与者的社会研讨活动中，围绕"共同富裕"的深刻内涵进行诠释，解析"个人富裕"理想追求与"共同富裕"奋斗目标的关系，显然有利于推动这些概念认知在企业家群体中扩大共识与共鸣，也为广大企业家在新的发展战略下进一步清晰勾勒了蓝图。

众所周知，共同富裕是社会主义的本质规定和奋斗目标，也是我国社会主义的根本原则。我们常以做大"蛋糕"和分好"蛋糕"作为共同富裕的生动诠释，因为经济的持续健康快速发展是我国实现共同富裕的基本前提，同时也是企业家事业的主战场和生命线。当前，我国的经济发展环境依然面临复杂形势，新冠疫情等复杂因素也带来了宏观经济发展的某些不确定性，中国经济与中国企业家依旧面临着巨大挑战。在此基础上，我们可以看到该文作为公众演讲在企业家群众中所具有的激励功能与影响效力。

作者在演讲中提出，"企业发展本身就是创富过程，企业共建共享富裕是整个社会共同富裕的重要组成部分"，对企业家群体本身的社会价值进行了清晰阐述，这对于在我国新的历史起点上企业家的发展战略和发展定位是一种十分直白而理性的认识。

不同于专业的理论研究著作，公众演讲必须立足受众需求，围绕传播需求开展准确、生动、形象的理论观点表达。作者不仅具有深厚的理论修养，同时也是一位热情且富有激情的诗人、公众演讲者，脱稿演讲有激情、感染力。即便将演讲整理成文以后，我们依然能够看到作者围绕传播需求思考的独特之处。该文作为面向全社会广大受众的经济理论、国家战略阐述，是有其独到之处的，也值得理论研究领域的进一步关注。在复杂的现代市场竞争中，企业活动不断探索着需求端的急剧变化，企业家群体不仅有着"创富"的经济活动属性，也有着"创新"的社会属性。因此，这一演讲的主题十分准确地把握了企业家的知识理念需求，能切实立足于企业家自身发展的本质。针对企业及企业家的社会价值与社会功能，该文不仅提及了一般社会认识范畴中的"创富""创税"以及"就业""产业"等领域，更是在共同富裕这样的发展话语背景中，提出了企业对"人的发展""人的富足"以及"人的完善"所能发挥的巨大功能。该文提出的企业参与社会共同富裕的基本路径，包括了"立足产业致富助富推富"以及立足"育人造人""育心造心""育景造景"，多维度地提出了企业与企业家参与社会共同富裕建设的形式、载体、办法。尽管其述及的实践途径并非全新的概念，但能够以相对清晰的框架进行系统诠释，仍是非常宝贵的理论研究创新整合。

企业家要了解的社会"三大经济形态"

我们认为，社会经济活动或者说创造经济财富的活动及其成果，在现实形态上实际上有三大组成部分，也可以说是社会经济财富存在着浑然一体的"三大家族"，即实体经济、货币经济和金融（资本）经济。现代社会是金融社会。金融、货币是现代经济的核心，有着"呼风唤雨"的作用。我们生活在金融资本的"汪洋大海"中，尤其作为直接创造经济财富的企业家们，必须对这"三大家族"的本质及机理有必要的了解，才能更好地创造财富。

一、需要对现代经济财富有新的认识

如前所说，"财富"是一个内容十分宽泛的范畴。我们这里侧重讲现代社会的经济"财富"或者物化的"财富"。

人们日常生活中所讲的"财富"，通常指那些物质产品、生产资料、土地、矿产、金银、房屋等物象化的"财富"。物态、物象的财富，一般指经济意义上的财富。人类除了"经济财富""物质财富"外，还有各种各样的"精神财富""文化财富"，以及社会运行和社会成员共同生活所要共同遵守的"制度财富"。此外，还有作为延续人类文明成果、推进人类各种财富进步的"知识财富"，等等。

物质、金钱、经济意义上的财富，显然是人类"财富世界"的基础，人们也习惯用金钱、钞票（货币）衡量其他类型的财富。比如"这幅字画值多少钱"就是用货币（金钱）度量"文化财富"。

在这里，我们把物态、物象财富看作经济形态意义上的财富，即"经济财富"，并作较为具体的探讨。

事实上，人们对经济形态财富的认识，实在是很需要深化的。比如，人们常常把一国经济区分为实体经济和虚拟经济，尔后，有些人则简单地主张要反对"脱实向虚"，不重视发展反而要去批判什么资本、金融等"虚拟经济"。且不说简单地把资本、金融看作"虚拟经济"是否科学，更重要的是不符合现代经济运行的客观事实，在指导经济活动的实践上也是十分有害的。

对今天的中国来讲，一方面存在着金融、资本经济与实体、实业经济相互结合、相互促进不够的问题，需要用货币、金融、资本市场更好地推动实体经济发展，另一方面同样迫切需要深化金融体制改革，加快补上"货币经济""资本经济""金融经济"这一时代性"大课"，加快建设金融、资本、货币强国。

只有这样，我们才能加快实现民族复兴的现代化强国之梦。

二、现代经济财富的"三大家族"

只有正确认识经济形态财富的完整形态，才能更好地认识社会经济活动实际，并更好地指导人们创造经济财富。

人们讲的财富通常指的是物质实体意义上的"财富"，但我们不能因此把人类社会财富只归结为"实物财富"，即"物质财富"。我们也不赞成把人世间的所有财富只简单分为"物质财富"和"精神财富"，这不利于我们正确认识财富、分享财富和创造财富。

这里，我们主要探讨一下与物质财富密切相关的经济形态的财富问题。

事实上，包括多数学者在内，人们对经济形态的财富并不作过多的研究，以至于国家指导、规划、发展经济和创造经济财富的理念、政策、举措常常有些不清不当。比如，人们通常把经济分为实体经济和虚拟经济，或只强调实体经济的作用，反对"脱实向虚"，或者不顾实体经济发展，过于强调金融资本，以至于金融机构有超额的利润，出现"贷款难、贷款贵"，严重制约实体经济的健康发展。这两种倾向都是有害的。当然，我不太赞成把资本、金融简单看作"虚拟经济"，对此，我们后面还要作探讨。

我们认为，经济形态意义上的财富或者说社会经济结构形态，可以大致分为"三大家族"。

1. 实体经济体

所谓实体经济就是以生产、创造物质产品和实际劳务、商务为主的产业，通常包括第一产业的农牧渔业，第二产业的工业、建筑业，第三产业的多数服务业。

有的人认为，实体经济包括物质的、精神的产品和服务的生产、流通等经济活动。比如，农业、工业、交通通信业、商业服务业、建筑业、文化产业等物质生产和服务部门，也包括教育、文化、知识、信息、艺术、体育等精神产品的生产和服务部门。精神文化产品的生产和服务，作为可以按投入产出的"产值"来计算的产业，是可以划入"实体经济"的。但其无法直接用"产值（金钱）"来计量的内在价值，则是一种无形的精神、文化财富，它们自有与实体经济完全不同的独特价值和特性。

我们理解的实体经济，主要是指那些关系到国计民生的部门或行业，最典型的有机械制造、纺织加工、建筑安装、石化冶炼、种养采掘、交通运输、商务流通、贸易交换等。实体经济的主要特点是具有有形性、物体性、载体性及动能性。实体经济为人类提供生活消费资料和提升自己的发展资料，提供各种物质性能量，以及由此而产生的商务性服务。

现在，世界多数国家统计的国内生产总值（GDP），并不完全是一个国家的所有经济财富，因为GDP主要反映当年新创造的经济财富，历史上所形成、积累的经济财富要比当年的GDP多得多。同时，GDP也包括资本市场所创造的新收入（一般以服务业口径来统计）。

但是，货币、资本、金融的经济、财富功能是与实体经济有本质区别的，因为它们除了直接增值、创造财富，更多的是起到调节、整合、配置、服务实体经济的作用。比如，2011年，我国国内生产总值为471564亿元，按可比价格计算，比上年增长9.2%。分产业看，第一产业增加值47712亿元，比上年增长4.5%；第二产业增加值220592亿元，增长10.6%；第三产业增加值203260亿元，增长8.9%。在第三产业增加值中，占主要部分的还是商贸服务业。尽管货币、资本市场领域创造的增加值直接占比不会太高，可是，国民经济各行各业的任何生产活动过程，都是货币、资本、金融"服务"的结果，有形物化的生产过程，背后是强大的货币流、资本流。

换句话说，国民经济各行各业的任何生产活动过程，都是货币、资本、金融"服务"的结果，有形物化的生产过程，表现形态是货币、资金。也就是说，在实体经济体之上，又生长出、覆盖着更为庞大的两个世界，即"货币世界"和"金融资本世界"。

2. 货币经济体

货币是适应实体经济发展需要产生并逐步成长为"货币经济"的。所谓"货币经济"，就是作为充当市场上所有商品一般等价物的"货币"（通俗叫"金钱"），发展成为具有能广泛流通、全面调节经济活动、充分发挥"货币工具"的功能，并形成一个相对独立的货币流通体系。

货币经济已不只是"货币"，而是一个包括货币发行、货币流通、货币制度、货币政策、货币监管、货币市场等在内的独立体系。它当然离不开实体经济，但又具有独特性；它是一种经济活动，又是政府行为；它创造经济价值，又创造政治价值；它受实体经济制约，又引导着实体经济。货币体系十分复杂，它有自己相对独立的运行规则，在相当程度上是一种自组织的独立的经济形态。

科学合理的经济货币化程度，反映着经济的成熟化、市场化水平。但是，如果经济的货币化水平过高，则会导致通货膨胀，甚至经济崩溃。

大家看到，我们人类社会生产的物品、商品、财富，可以说种类千姿百态，近乎无穷无尽。那么，对这些物品、商品和财富等，用什么来衡量、换算、交换呢？这就是"货币"。

货币，虽然它不是一般"货物"，但确是"货物之币"。也就是说，货币是货物的"货物"，是货物之上的"最"，是货物之"一般"，或者说就是货物之"钱"，是用来交换各种商品、各种货物的"东西"。货币是各种货物的"化身"，即"等价物"。因此，"货币"来自货物又高于各种各样的货物，当某种"货物"专门充当货物与货物之间交换的"媒介"时，这个"货物"就是特殊的"货物"，即货物的"中介""媒介"了，这就是典型意义上的"货币"了。

而某一"货物"要成为各种各样商品的一般等价物，即货币，还必须具备贵重、可分、可度量和便于携带、保存与交换等条件。像珍贵的贝壳、丝织品、牛羊马，尤其后来的铁铜金制品，都曾经充当过"物之最""媒介"，即货币。

随着经济发展和社会文明进步，它们又逐步被其他更具备货币特性的"东西"所取代，最终因黄金相对更多地具备上述货币条件，而在历史上长期充当货币，人类的货币制度也就长期实行金本位制。

再后来，人们发现黄金存在数量有限、不便于携带等缺陷，它渐渐就被更具优势的纸币取代了。纸币本身不具有价值，只充当"一般等价物"，这是具有重大历史意义的新发明。

货币的诞生和演化，对人类经济社会的进步意义是十分巨大的。货币来自人类生产物品和交换物品的经济活动，但它在整个社会经济活动中又具有独特的地位和功能。就货币自身的直接作用而言，它具有五大基本职能：

第一，交易媒介。货币作为商品交换的媒介，在商品买卖中，商品的让渡和货币的让渡在同一时间内完成，即一手交钱一手交货，起着流通手段的功能。

第二，价值尺度。货币充当着衡量商品所包含价值量大小的社会尺度，也就是衡量商品和劳务多少价值的计量单位。货币之所以能执行价值尺度职能，是因为货币本身也具有价值。为什么几乎没有使用价值的货币能度量各种各样商品的价值呢？就是因为货币是"一般"商品，有与所有商品共通的社会价值。实际上是各种各样的商品共同把社会价值让渡给了货币，由货币来统一充当千差万别商品之间相互交换的媒介。

第三，贮藏功能。由于货币具有购买、交换各种各样商品的职能，而且货币本身具有更容易保存的特性，一些货币就可能退出流通领域，作为社会财富的一般代表被人们储存起来，或者先储存起来待以后或在其他地方使用。

第四，支付手段。人们在市场商品交换活动中并不总是一手交钱一手交货，有时候会出现赊账的情况，需要在未来的某个时间来兑现。这时，货币被用来支付债务。作为支付手段，货币又被广泛用来支付利息、税款、工资等。

第五，国际收支，也就是作为世界货币的作用。世界货币是随着商品生产、交换和劳务跨越国界流动而产生和发展的。世界货币也就是一国货币超越国界，在世界市场上作为一般等价物发挥作用时而执行的职能（必须具备实力、影响力、信用高、各国基本认同等条件）。并不是所有国家的货币都能直接充当世界货币，这就需要通过汇率市场来确定一国货币相对于其他国家货币的相对价值量，即一国货币作为世界货币的价值。因此，多数国家的货币作为世界货币的职能，通常是通过汇率市场（外汇市场）间接实现的。

现代经济不只是一种实体经济，事实上，货币已经成为一种相对独立的经济体，即货币经济。货币经济不但有独特的存在形态，而且有着独特的功能以及运行规律，还有着掌控货币的独特的主体和机构。

就货币自身的直接作用而言，它具有充当商品交易媒介、衡量商品价值尺度、社会财富贮藏、财务支付以及国际收支五大职能。货币的这些功能，说明它与实体物品、有形商品是有本质不同的。

首先，货币几乎不像实体商品那样是使用价值与社会价值的统一，它通常以"一般等价物"的社会价值为主；一般商品主要满足人们的物质和精神消费，而货币主要充当满足社会经济交往的流通需要的工具；实体物品和实体经济是货币经济的"源泉"，后者要为前者服务，不能离开"源泉"太多太远，但货币经济规模和总量通常要大于实体经济，它"覆盖""再现"并能动地调控着实体经济；实体经济自身的运行主要是一种经济行为，而货币和货币经济运行除了经济行为外，还同时具有鲜明的国家法定、国家主权、国家信用、国家掌控以及作为国家调控经济运行和社会生活的重要手段等政治属性。

这些都充分说明，货币和货币经济是与实体经济不同的另一个"经济世界"和"财富王国"。

3. 金融（资本）经济体

中国要致富，必须从储蓄大国变为投资大国、金融大国。

现代经济除了物体、货物商品意义上的实体经济和价值化、符号化、工具化意义上的货币经济外，还有一个大家族，就是资本化意义上的金融经济，或是叫金融形态、金融资本形态的经济。

人们通常把货币、金融或者财政、金融、货币混同使用。这虽有一定道理，因为相对实体经济它们都有"虚化性""价值性""无形性"等特点，但货币经济与资本金融还是有本质区别的。它们之间最根本的不同，就是货币经济主要起度量、交换、支付、贮藏物品和国家调控经济运行的作用，也就是起社会经济资源、社会财富流通和配置的手段、工具作用，而金融资本经济则主要是为了社会经济财富的保值增值，尤其是把资产、资金作为投资的资本，在金融、资本市场上实现资本的增值，因而是以资产、资金市场投资赢利为主要目的的经济活动。这种经济活动既与以"服务工具"为主的货币经济不同，而且也与实体经济有本质的区别，因为金融资本经济是以资金流通、资本投资形态为主存在的。

所以，我们把金融经济（特别是资本经济）与实体经济、货币经济分开来探讨。由于资本经济是金融经济的主体性内容，因而我们也在相近的意义上使用它们。

所谓"金融经济"，主要是指直接作为一般商品等价物的货币资金转化为市场投资资本，以期带来创造新的剩余价值的经济活动过程及其经济形态。通俗来讲，金融经济就是用钱生钱、用资本（价值）生资本的经济活动，最典型的表现是资本市场。因此，"金融经济"的核心是"金融资本"，或者说是"金融资本经济"。金融经济本质上是一种货币价值的市场交易活动，是一种价值增值的资本运动过程。

下面，我们来作更为具体一点的说明。

第一，金融经济是一种直接的货币资本（作为资本的货币），而不是实物、产品意义上的资产。一般资产经过货币化之后才有可能进入"钱生钱"的金融资本市场。但是，实体意义上的资产即使转化为一种货币，当这种货币仅仅作为货币化资产而未作为资本资产时，即没有进入"钱生钱"的资本化过程时，就还不是金融化的经济活动。

第二，货币资本必须进入市场流通作为投资资本，也就是货币资本只有进入市场投资后，才能成为现实的"钱生钱"的资本活动过程。也就是说，只有进入市场的投资资本，才是金融化的经济活动。

第三，作为资本市场上的投资资本，必须是为了创造新的更多的剩余价值（钱生更多的钱），才是一种投资未来及其收益的资本价值活动，因而同时也是具有风险性的资本投资活动。这样的资本投资活动，才是金融化的经济活动。

第四，这种投资资本通常要证券化，即转换为在金融市场上可以自由买卖的股票、债券等证券，使资产成为可流动、可买卖的资本。资本证券化是金融经济的主要载体，也是金融经济的较高运动形态，是金融创新产品的主要发源地。

第五，作为一种与实体经济、货币经济相对应的金融资本经济，必须具有相对独立完整的内容、功能和表现形式，这就是金融市场、资本市场的各类金融产品。

因此，货币化、流动性、市场化、投资性、证券化、增值性以及风险性等，是资本（金融）经济活动的基本特性。为此，社会经济必须达到相当的货币化、资本化、市场化水平，有明晰的产权主体，有比较健全的信用、法制和风险监管体制等保障制度安排，才能比较独立健康地发展。

那么，现代金融资本经济的主要内容和表现形态有哪些呢？信用借贷、信用保险、证券交易、信托理财、债权债务、典当租赁、各类投资基金、期权期货，以及各类金融衍生品等，都属于金融资本的经济活动。

三、现代经济是"三大家族"的统一体

我们把经济形态意义上的财富大致分为实体经济、货币经济和金融经济"三大家族"。

一个国家或者说有独立货币发行权的经济体,从社会经济运行结构、经济要素最基本形态和这些要素结构的最基本功能来说,实体经济、货币经济和金融经济,无疑是一个社会最基本的经济结构和功能形态。换句话说,一个国家的经济财富就是上述三大经济结构和形态相互作用、相互组合的综合体。

那么,实体、货币、金融(资本)这三大经济财富家族的基本关系是怎样的呢?

1. 实体经济是货币经济和金融(资本)经济的"基石"

无论历史实践和理论逻辑,实体经济都是其他一切经济活动和经济财富的源泉。

人类首先满足当下的生存需要,才能去追求其他财富的累积;人类首先出现农业等实物性产业的经济活动,才能逐步衍生出其他实体性的物质生产行业,再后来才有货币、金融活动;人类也首先有商品交易活动和商品市场,后来才发育出货币交易活动及货币市场、金融交易及资本市场。

我们平时讲的农林畜牧养殖业等农业(第一产业)、工业矿产建筑业(第二产业)以及第三产业中的服务业等,基本的、大量的经济部门,都属实体经济部门。实际上,货币金融服务业也被笼统地放在服务业之中,因而也把货币经济、金融(资本)经济归入实体经济。这说明我们尚未真正了解货币、金融(资本)经济在现代经济和现代文明发展中的重要地位及其关键性作用。

实体经济在整个经济体中的基础性、原生性作用是显而易见的。它是人类迄今为止最基本、最主要的经济活动，是满足人类最基本的物质、精神文化生活需要的源泉，也是人类最广泛、最基本的劳动就业的实践活动。但是，实体经济的发展、提升、进步又离不开金融（资本）经济和社会各个领域的发展进步。

　　实体经济的流动、交换、价值是通过各种各样的农产品集贸市场、百货商场商店以及网上销售等商品市场来实现的［以物化产品（商品）为主的市场］。早期人类，大量进行的是无中介的物与物之间的简单交换活动，后来才逐步有了交易媒介（第三方物品，如贝壳等）和相对集聚的时间、空间。部落、村落里的集贸市场或农产品交易市场，就是早期既古老又相对成熟的商品市场。更成熟更高阶段的商品市场，是指有固定场所、设施、有若干经营者入场经营、由市场经营管理者负责经营物业管理，实行集中、公开交易有形商品的交易场所。这是一种由交易主体、交易客体、交易载体等多种要素构成的商品交易场所。因此，商品市场是商品经济发展到一定阶段的产物。

　　显然，有形的商品市场与商品流通（物流）一样，是实体经济的重要组成部分，对实体经济和整个社会经济的发展意义重大。

　　首先，是各种各样产品、商品得以实现使用价值和社会价值的基本途径和载体。其次，架起了生产者与消费者之间的桥梁，并共同为生产者和消费者提供交易平台，提供服务。再次，由于能培育、发现商品价格，各种各样商品、需求、信息、交易时空的集聚，以及交易方式、场所、机制、第三方等介入，使得商品流通加快，信用增加，竞争强化，交易成本下降，交易效率提高。最后，商品流通和商品市场的兴起和发展，本身成为一个重要产业和经济部门，加快了社会分工，提升了专业化水平，推动了有形实体财富的创造和高效流通交易，进而促进整个社会经济财富的新发展。

2. 货币经济是实体经济和金融（资本）经济的"血脉"

如果说实体经济是整个经济体的根基和身躯的话，那么，货币经济就是整个经济体流动的血脉和阀门开关。

货币经济依附于实体经济又独立于实体经济。货币经济的主要功能有八。

第一，具有充当有形物品、商品和劳务交换媒介的功能。如前所述，货币的基本功能是物物交换的媒介和工具。作为交换媒介，货币降低了交换成本，提高了交换效率，是人类经济的交往活动史上一次自觉不自觉的伟大创造。

第二，具有衡量社会价值基本尺度的功能。货币的这一功能，极大地降低了价值衡量和比较的成本，为实现产品交换提供了便利。货币作为价值贮藏形式，提供了最具流动性的价值贮藏形式，丰富了贮藏手段。在现代社会，货币的作用已经渗透到社会生活的各个角落。人们所需要的各种商品，都需要用货币去购买；人们所需要的各种服务，也几乎都需要用货币来获得。货币作为人类最主要的支付手段，人们劳动所获得的报酬——工资，就是用其来支付的。人们交往中的收入与支出，也几乎都要用货币来支付。用实物来支付的交易，首先也会折算成货币。

第三，货币经济具有社会财富载体的功能。货币作为各种各样商品的一般等价物，决定了货币是社会财富的主要载体和象征，而且也是人们创造、积累、贮藏、交换财富的最具流动性的主要方式。正因为这样，人们可以利用货币很方便地进行财富的积累和继承，这就激发了人们创造财富的无穷动力，为扩大社会再生产创造了条件，为经济和社会的文明进步注入了磅礴力量。如果没有货币经济的出现，就没有资本的出现和社会资本的有效利用。因为，只有物质财富的累积，人们便只能在简单再生产的小圈子内循环，生产出来了再消耗掉，而且多数物品难以长期保存、难以搬移、难以交换、难以世代传承，因而也难以产生扩大的社会再生产的机制。可见，货币经济对经济和社会发展的作用是难以估量的。

第四，货币经济具有国家经济运行的调控功能。在现代国家，货币不只是商品交易的媒介、衡量经济价值的尺度和社会财富的基本载体，其早已成为国家调控经济最主要的经济政策和工具。

不仅整个经济体都是用货币来量化刻度的，社会的精神文化财富甚至社会各种各样利害关系以及矛盾纠纷的处理，通常都是用货币来衡量和处理的；不但人们的日常生活用货币来买卖收支，人们积累财富、保存财富的主要方式也是货币；货币不只是商品的一般等价物，也是社会各种财富的一般等价物，人们通常以几十万、几百万、几千万、几个亿的货币来表明其拥有的财富，可以说货币是社会财富最直接、最基本的标尺；不但个人生活离不开货币，任何企事业、任何社会单位组织、任何国家政府的活动都离不开货币；不但实体经济需要货币去度量和交易，金融（资本）市场也需要货币提供土壤和基础；不仅一国国内的各种活动需要货币，国与国之间的经济贸易以及各种交往活动也离不开货币（通常需要汇率折算）；等等。

在商品生产、市场经济占主导地位的现代社会中，货币的作用已经渗透到社会生活的各个角落。正由于货币在社会经济活动和其他各种活动中的影响大、覆盖广，有着牵一发而动全身的"血脉"和"阀门"作用，因而货币对一个国家的经济活动和社会生活具有极大的调控作用。货币的供求关系及其质量，如货币数量的多与少、货币结构的优与劣、货币流动的快与慢、货币价格（利率）的高与低等，都直接或间接地对社会经济运行和人们的生产生活产生重大影响。如果货币供求失衡，就会发生通货膨胀或通货紧缩，就会影响经济增长、人们就业、物价水平和国际收支等。

第五，货币财富是金融资本财富的养分。货币经济不但是实体经济的延伸，更是实体经济的价值化和流动化；不但是实体经济的再现，更是实体经济的拓展和放大。货币经济一手牵着实体经济，一手又牵着金融（资本）经济。金融（资本）经济完全是一种货币资源、资金资源的交易行为，任何实体经济要进入金融资本市场，都必须转化为货币财富、转化为货币资金流。货币经济是实体经济进入金融（资本）经济的"中间站""转换器"。没有货币经济就不可能产生金融（资本）经济。货币经济为金融（资本）经济提供实体经济的总量和变量，提供生长的养料和条件，提供交易的条件和可能，也提供增值和发展的保障。

第六，货币财富是社会文明进步的重要动力。如同火的发明一样，货币也是人类创造的一个巨大的文明成果。货币财富不但是推动经济发展的重要力量，也是促进社会文明进步的特殊力量。货币使人类更便捷、更高效地创造财富和积累财富，而且更重要的还在于，它使人们的生产活动和生活突破了狭小的天地。如果没有货币，人们积累的只能是实物财富，而实物财富的交换、转移相当困难，也不易保存、积累，这就必然限制人们行动的自由度，人们的思想也因此受到局限。有了货币，人们的活动领域得到了扩展，人们的交往交流就会大大增加，有利于冲破狭隘的血缘关系、地缘关系，人们的思想文化也就不再更多地受一地一域传统习俗的束缚，有助于人们拓展眼界，激发想象力和创造力，从而对社会的思想文化、文明进步产生巨大的积极作用。

第七，货币市场是联结实体经济和金融（资本）经济的重要桥梁。如同实体经济的有形产品一般要通过商品市场来实现交换和社会价值一样，货币经济的基本功能也往往要通过货币市场来实现。

货币市场是十分重要的融资渠道，也是政府调控的主要手段。我们知道，包括政府、银行、企业在内的各种经济行为主体，在客观上必然会有资金盈余方和资金不足方之分，在时间上又可分为一年期以卜的长期性咨金余缺和一年期以内的短期性资金余缺，又由于资本市场侧重于为中长期资金的供求双方提供服务，因而需要一个充当短期性、调剂性的资金市场，这就是货币市场。

货币市场主要为季节性、临时性资金的供求双方提供平台。相对于中长期投资性资金需求来说，短期性、临时性资金需求是微观经济行为最基本、最常见的资金需求，因为短期的临时性、季节性的资金余缺是日常经济行为的频繁性和变动性造成的，是经常、大量发生的。

正因为这样，国家对货币市场进行的调控也是经常的、大量的，能够更直接有效地调控经济行为。因此，货币市场的存在和作用的发挥，不但是客观必然的，而且是反映市场经济、金融货币体系以及国家调控经济运行能力的重要标志。

所谓"货币市场"，是指融资期限在一年以内的短期资金的交易市场。它一半属于货币经济，一半属于金融（资本）经济。货币市场主要包括：金融机构之间以货币借贷方式进行短期资金融通活动的同业拆借市场，由于同业拆借是金融机构之间的借贷，反映出金融机构的资金状况，因此它所形成的利率即同业拆借利率就具有基准性；为解决国库资金周转困难而发行短期债务凭证——国库券，及其流通形成了国库券市场；由银行承兑汇票市场和商业票据市场形成的票据市场：由在承兑银行开立存款账户的存款人出票，同开户银行申请并经银行审查同意兑现的，保证在指定日期无条件支付确定的金额给收款人或持票人的票据——银行承兑汇票市场，以及由企业为筹集资金，以贴现方式出售给投资者的一种短期无担保的承兑凭证——商业票据市场；由于有的借款人或证券持有人在卖出证券的同时，与买方约定在一定时间按约定价格买回证券以实现短期资金融通交易而形成的回购市场；还有由商业银行发行的固定面额、固定期限、并可以流通转让的大额存款凭证——大额可转让定期存单市场；等等。

由于货币市场所容纳的金融工具主要是政府、银行以及工商企业发行的短期信用工具，具有期限短、流动性强和风险小的特点，在货币供应量层次的划分上被置于现金货币和存款货币之后又被称为"准货币"，所以此类市场称为"货币市场"。

货币市场的主要功能包括：调剂大量的短期资金的融通功能；微观经济行为主体通过运用货币市场的各种金融工具，可以达到整合市场资源、提高经营水平和盈利能力的管理功能；政府在实施再贴现政策、法定存款准备金政策、公开市场业务等政策过程中，可以通过货币市场形成的基础性利率的作用影响市场利率和调节货币供应量，以实现宏观经济调控目标，这是国家货币政策的传导功能；由于货币市场能为金融（资本）市场提供稳定充足的资金来源，以及为中长期资金和短期资金架起互相转换的桥梁，从而极大地减少了因资金供求变化对社会造成的冲击，因而又具有促进资本市场尤其是证券市场发展和维护社会稳定的功能。

第八，谁掌控货币谁就掌控国家的财富命脉。政府掌控国家自身和社会财富的基本手段有三种：一是实行什么样的基本政治和基本经济制度，从根本上规定社会财富及其创造、积累、分配的基本性质和制度原则；二是更具体地确定税收、开支的财政政策；三是更具灵活性地运用货币调控工具。

货币市场产生和发展的初始动力，是为了满足短期资金供求双方的融资需要，既满足资金需求者的短期资金需要，又为资金有余者的暂时闲置资金提供盈利机会。但是，货币市场既可以从微观上为银行、企业提供灵活的平台，使他们在对资金的安全性、流动性、盈利性相统一的管理上更方便灵活，又能为中央银行实施货币政策进而调控宏观经济提供重要工具，还为金融（资本）市场发展提供基础条件。

由于任何经济运行、经济活动都是以货币为标尺度量的，任何组织经济活动的过程也都是以货币为载体来实现的，因此，对货币的调控就广泛而深刻地影响着经济活动。而且货币作为经济运行的调控工具，具有灵活方便、形式多样、成本低、见效快等特点。

我国宏观经济运行尤其是金融宏观调控的主要手段，就是与财政政策相配合的货币政策。货币政策是指中央银行为实现预期宏观调控目标，运用各种政策工具调节货币供给和其他金融条件所采取的措施的总和，包括政策目标、政策工具、操作手段、传导机制等内容。

根据货币理论，金融宏观调控的核心，是货币需求和货币供给，而货币政策及工具，是广义金融宏观调控的主要手段。目前，我国货币政策的中介是货币供应量，同时将贷款总量作为经常性的监测指标。货币供应量划分为三个层次：（1）流通中的现金，即在银行体系以外流通的现金，用M_0表示；（2）狭义的货币供应量，即M_0＋活期存款，用符号M_1表示；（3）广义的货币供应量，即M_1＋定期存款＋储蓄存款＋其他存款，用符号M_2表示。通常所说的货币供应量是指M_2[1]。

货币政策，就是中央银行为实现调控目标而采取的政策手段。目前，我国中央银行常用的货币政策有六种。一是法定存款准备金。就是金融机构为保证客户提取存款和资金清算需要而准备的资金。中国人民银行通过调整法定存款准备金率调节银行体系的流动性，影响金融机构的信贷资金供应能力，从而间接调控货币供应量。二是公开市场业务。就是通过发行中央银行票据、买卖债券等有价证券以及回购交易等公开的市场业务活动，实现吞吐基础货币、调节货币供应量、调控商业银行流动性和引导货币市场利率走势。三是利率调控。利率是一定时期内的利息额与借贷本金的比率，是资金的价格。我国的利率体系由中央银行利率、金融市场利率与存贷款利率构成。中央银行通过设定或以市场化方式确定上述利率，影响基础货币总量或市场利率，以实现货币政策意图。四是再贷款和再贴现。再贷款是中央银行

---

[1] 参见全国干部培训教材编审指导委员会组织编写：《金融发展与风险防范》，人民出版社、党建读物出版社2011年版，第14页。

对金融机构的放款。中央银行适时调整再贷款、再贴现的总量及利率，吞吐基础货币，以实现货币信贷总量和结构的调控目标。五是信贷政策。信贷政策是中央银行引导金融机构信贷投向、调节货币信贷结构意向的政策，仅供金融机构制订经营计划时参考，具有只指导、不干预的特点。六是"窗口指导"。指中央银行凭借其特殊地位，指导商业银行调节其信贷总量和结构的行为。但"窗口指导"也只是选择性政策工具，是对商业银行的一种建议性、指导性措施，商业银行具有是否采纳的决定权。①

由此可见，货币经济既与实体经济密切相关，又与金融（资本）经济密不可分。它是实体经济和金融（资本）经济的"血脉""阀门""开关"，也是实体经济与金融（资本）经济之间的桥梁。

3. 金融（资本）经济是实体经济和货币经济的"千斤顶"

从上述分析中，我们很容易看到实体经济与货币经济是两种不同形态的经济。但是货币与金融的区分就要难得多。从广义角度讲，金融经济包括货币经济，金融市场也包括货币市场。正因为这样，人们通常把货币与金融合起来讲货币金融经济，或者说货币金融政策。不过，从狭义上分析，货币经济与金融经济是有本质区分的。

我们认为，把货币经济从广义的金融经济中独立出来，是十分必要而有重大意义的。

货币经济当然不能包括金融经济，如同实体经济、有形产品一样，所有的金融品种和数量也是用货币来标尺和实现的，但我们不能由此用实体经济去包括货币经济，也不能用货币经济去代替实体经济。货币经济与金融（资本）经济同样有自己独特的性质、功能和运行规律。

---

① 参见全国干部培训教材编审指导委员会组织编写：《金融发展与风险防范》，人民出版社、党建读物出版社2011年版，第14—16页。

货币及货币经济的基本性质和功能，主要是人们经济社会生活运行的媒介、工具和手段，主要服务于实体经济和金融（资本）经济。

而现代金融及金融经济基本上是可以产业化和市场化的。最典型的是它把实体经济和货币经济资本化、证券化了，让前两者都作为投资的资金、增值的资本。货币经济主要由国家政府控制，主要作为调控社会经济运行的工具，而金融（资本）经济主要是由市场调控，以增值营利为基本目的。

当然，货币经济的一些领域，如货币市场中的货币有营利的市场化行为，但这不是它的主要功能，货币经济的基本功能主要还是充当度量、交易和调控经济运行的工具，主要由国家政府（中央银行）掌握。对商业银行和各类资本经营主体来说，它们主要按照国家货币金融宏观调控政策，以市场调控和市场利润为主旨，国家则以行业监管为职责，一般不直接在金融资本市场从事经营业务活动。

金融之所以是现代经济的核心和制高点，就在于它的资本经济的属性和功能。现代金融除了具有借贷融资的传统职能外，更多的职能是通过信用保险、债券证券、基金、期货期权以及各类金融衍生品的资本市场来实现。从一定意义上讲，现代金融、现代经济的真正核心、真正制高点是资本市场。

金融（资本）市场对各种经济资源、发展要素具有强大的整合作用和放大功能，尤其对优质资源资产资本具有极大的"催化""孵化"和"千斤顶"式的杠杆效应。

美国著名经济学家斯蒂格利茨认为，资本市场通常是指取得和转让资金的市场，包括所有涉及借贷的机构。这个定义十分广义。美国斯坦福大学教授詹姆斯·范霍恩等认为，资本市场是长期金融工具（股票和债券）的交易市场。美国经济学家弗里德曼从资本的功能出发，认为资本市场是通过风险定价功能来指导新资本积累和配置的市场。

　　我们主要从资本功能（空间上）和一年以上的中长期资金交易相结合上来定义资本市场。资本市场就是指期限在一年以上的中长期资金借贷、投资、配置的交易市场。相应地，融资期限在一年以下的称作货币市场。用一年期限来划分，资本市场不仅包括股票市场，还应包括融资期限在一年以上的银行信贷市场、债券市场以及基金市场等。更本质地讲，金融（资本）经济是金融资本化和市场化的资本（资金），资本市场是其最核心、最直接、最日常的典型化表现形态；而资本经济就是资本市场化的经济，资本市场是中长期投资、积累、配置、经营资金并获取市场利率（市场风险定价）的交易行为。

　　资本市场可以分为一级市场和二级市场。

　　一级市场又称为发行市场。在一级市场中，资金筹集者按照一定的法律规定和发行程序通过发行新的金融产品来筹集资金，金融产品的发行者就是筹资者。一级市场的发行者主要是企业和政府。

　　二级市场是已经发行的金融产品的交易市场。在二级市场中，金融产品的持有者向有意愿参与的投资者转让其金融产品。资本市场还可以分为场内交易市场和场外交易市场。场内交易市场通常是指证券交易所，具有集中固定的交易所和严格的交易时间。证券交易以公开的方式进行。场外交易是场内市场的补充，通常没有固定的交易场所，也无统一的交易时间，通常是双方通过电话、网络等现代通信工具谈判成交，而且交易对象众多，既包括上市证券，也包括大量未上市证券甚至信托产品、企业产权等，投资者可以委托中介机构进行买卖，也可以直接进行交易。相对于场内交易市场而言，场外交易市场在安全性、透明度和流通性方面较差，但在保密性、满足投资者特定需要方面的优势比较明显。

　　资本市场也存在有形市场和无形市场。按产品来分，资本市场主要有股票市场、债券市场、衍生证券市场等。由于金融衍生品市场几乎是无穷无尽的，投资银行、公司几乎也可以任意地与客户去设计一种衍生品交易,因而金融产品创新和金融资本的衍生品也几乎是无穷无尽的。

然而,正如我们前面所说,金融资本衍生品的创新链条越长,意味着它离原生资产或者说基础资产越远,风险也就越大。

4. 实体、货币、金融(资本)经济的"三环交融"

显然,实体经济、货币经济、金融(资本)经济各自有不同的特性、功能和运行规律,各自有着不可替代的独立性,相对区分开来去认识和把握,对一个国家经济的健康发展和积极有效地调控经济运行,对社会公民创造、蓄存和经营好自己的财富,是十分必要的。

但三者之间又是难解难分、相互渗透交融的。而且越是现代、发达的经济体(国家),三个经济"家族"就越发达成熟,同时越相互紧密地融合为一体,这个国家的经济也就越发达成熟、越有竞争力。

实体经济是一个国家经济的前提和基础,也是货币经济、金融(资本)经济的源流,但实体经济运行的过程一刻也离不开货币经济和金融(资本)经济,尤其发展到商品市场和市场经济阶段后,货币经济和金融(资本)经济的能动性就越来越突出。

货币经济是一个国家经济的血脉和阀门,也是联结实体经济和金融(资本)经济的中间转换器。它不但全面渗入实体经济和金融(资本)经济运行过程,而且起着组织、引导、调控作用。但货币经济的身躯是实体经济,它的"千斤顶"作用通常是通过金融(资本)市场来实现的。

金融(资本)经济是实体经济、货币经济发展到新阶段的新成果。货币经济的主要功能是作为商品和劳务的等价物、交换媒介、财富尺度、支付工具、财富贮藏、调节工具(货币政策)。如果货币功能作用只停留在上述范围的话,那还不完全是金融,更不是金融资本。金融(资本)经济是实体经济、货币经济的更高发展形态。只有货币成为经济活动内在的资本要素、钱生钱的资本、有专业组织机构（钱庄、票行、银行等）经营的情况下，才是金融行为，直到形成金融产业、证券市场、货币市场、衍生品市场后，才标志着金融（资本）经济的形成。

进入 20 世纪，经济全球化越来越明显，经济要素、资本要素越来越在全球范围内配置。金融（资本）工具也越来越丰富，金融（资本）经济越来越庞大，资本、金融市场越来越成熟，金融交易量也越来越大。到 20 世纪末，全球外汇交易额是世界市场进出口总价值的 60 倍，实物贸易仅为金融交易的 2%。全球股票、债券和其他金融资产达到 140 万亿美元左右，而全球商品和服务年总产值则为 46.7 万亿美元。全球金融资产与实体经济处于倒三角状态，金融资产与实体经济的增量资产比达到 3∶1，经济金融全球化特征越来越明显。[①]

"三大家族"的关系

总之，实体经济、货币经济、金融（资本）经济三者之间，既相互独立，各自有其独特的形态和功能作用，又相互融合、相互交叉、相互渗透和相互作用。它们三者之间在功能、空间结构上的内在关系，就如同互为交合而又不完全交合的"三环圆圈"。

---

① 参见宁振华、牛富荣：《金融内生性功能演变路径分析》，载《中国国情国力》2013 年第 5 期。

四、区分"三大经济体"的重大意义

人类社会的经济活动过程和具体现象，除了分为实体经济、货币经济、金融（资本）经济"三大家族"外，当然还可以从其他角度来划分。比如，可以从生产、流通、消费的运动过程来分类，也可以从创造财富、分配财富、享用财富来探讨，像税收、财政收支就属于经济财富的分配或再分配环节。但是就社会经济结构形态来讲，实体、货币和金融（资本）经济却具有各自相对独立的特性、功能、载体（市场）、形式。同时，它们又相互关联、渗透和融合，共同推动社会经济在波动起伏中发展前行。实体经济是货币经济和金融（资本）经济的基础，货币经济是实体经济和金融（资本）经济的调控工具，而金融（资本）经济则是实体经济和货币经济的再优化、再组合、再创造。因此，它们三者既交融又各成一体。

我们作这样的区分，显然是很有必要的。

1. 实体经济是社会经济的基础

我们任何时候都不可忽视实体经济的发展。货币经济和金融（资本）经济虽然有着自己独特的地位和功能，其数量规模通常要大于实体经济，但它们始终不可能完全脱离实体经济而孤军远行。我们同样也不能就此简单地把货币、金融（资本）经济只看作"虚拟经济"，加以轻视或批判。不然，后患无穷。因此，区分和把握好实体、货币、金融（资本）三大经济及其内在关系，对我们正确认识社会经济发展规律、推动经济协调平衡发展，都是十分必要的。

2. 货币经济是调控社会经济活动的"开关"

货币经济一手牵着实体经济，另一手拉着金融（资本）经济。一

第二篇 ◎ 浙商助力共同富裕

国调控经济运行的能力、手段、工具和特点，集中表现在掌控货币运行水平上，各国经济利益竞争也在很大程度上集中于货币政策的运用方面。作为货币发行当局和主要承担货币调控职能的组织机构（中央银行），应不以营利为目的，否则，就会错发、乱发、超发货币，引发通货膨胀和资产泡沫，甚至导致金融和经济危机。

3. 金融（资本）经济是实体、货币经济的"升级版"

金融（资本）经济是实体经济、货币经济的延伸和提升，是现代经济发展的重要内容和基本特点。在现代社会经济结构中，金融（资本）市场发展快、规模大、功能强。表面上它不直接创造实体财富，但当今人类的需求早已超出实体需求，人类也早已发展出了更为丰富多彩的其他财富需求，而这往往是通过金融（资本）市场的财富创造来实现的。更重要的还在于，金融（资本）市场是将社会经济活动中最活跃、最优质的资源进行高效配置的市场平台。金融（资本）市场是现代市场体系中最关键、最活跃、最前沿的市场。要发展现代经济、建设现代市场体系，不加快发展现代金融业和资本市场是不可想象的。

4. 金融（资本）经济是现代经济的核心

人类社会在经历了农耕文明和工业文明后，到20世纪五六十年代，出现了第三产业占主体的经济结构，尤其是金融业和资本、证券市场迅猛发展，金融（资本）经济在现代经济中越来越起着重要的作用，金融在组织、调控社会生产和经济活动中越来越扮演"总导演"的角色，可以说，在工业文明之上又形成了一个"金融文明"。因此，科学认识金融（资本）经济，加快发展金融业和现代资本市场，积极推进金融强国建设，无疑具有全局的战略意义。

5. 金融也是一把锋利的"双刃剑"

可以说,金融本身就是"风险"的代名词。它作为现代经济的核心,一方面是人类经济向前发展的重要驱动力量,另一方面由它引发的风险也越来越多。

金融是一把无比锋利的"双刃剑",它在现代经济发展中既起着积极推动作用,又无时不在制造风险。可以说,现代金融是酿造现代经济发展风险的"酵母剂"。金融资本具有躁动不安、信用要求高等天生的脆弱性。在现代经济发展中,通常先有金融风险,再有金融危机,而后波及实体经济,酿成经济危机。

大约20世纪70年代起,西方发达国家经济结构形态发生了一系列深刻变化,其中最主要的是经济日益虚拟化和金融化。也正是从这个时期起,人们对一个国家经济发展健康状况的看法发生了变化,逐渐形成了这样的共识:市场需求不振、出口增长下滑、企业倒闭加剧、甚至经济增长下降以及人为或自然灾害都不足以给经济本身造成致命的破坏性影响,如果金融出了大问题,不论是金融动荡抑或金融危机,整个经济必然遭受重创。

大家知道,在全球金融市场中,美国次级抵押贷款无论业态品种还是规模数量,都是很小很小的一部分,但它的风险引发了全球范围如此大的动荡。美国次级抵押贷款拖欠率高,最早是在2006年底显露出来的。美国政府当时估计,次级贷款的损失将在500亿至1000亿美元之间,而这相对于美国或西方银行的总资本以及全球投资基金持有的资产而言,简直是沧海一粟。然而,美国这次次贷危机引发的全球金融风险及对世界经济的危害,是银行家和决策者们全然不曾预见和估算到的。事到如今,我们对这次危机的危害程度及其深刻教训,才有了"金融世界不同了"的认识。①

对于金融（资本）市场的高风险性，一方面它自身产生了许多分散风险、对冲风险、化解风险的产品和机制，另一方面政府监管部门也形成了许多防范和化解风险的制度。

现代经济发展史告诉我们，金融（资本）经济具有独特的特性和发展规律，它与实体经济、货币经济之间的内在关系以及金融资本经济的风险性和防范机制，都是很值得研究和需要认真应对的。

6. 跨越"中等收入陷阱"的关键

中国正处于工业文明向金融文明、温饱小康向中高收入、传统经济结构向现代经济结构转变的关键阶段，这个阶段通常也是艰难跨越"中等收入陷阱"的时期。

世界上成功跨越或未能成功跨越"中等收入陷阱"国家的正反两方面经验教训都反复证明：社会经济结构是否转型升级、社会政治结构是否公平正义、百姓收入结构是否跃上高收入水平，是决定能否成功跨越"中等收入陷阱"的关键。而这些都与社会经济能否转化为金融（资本）文明阶段直接相关。只有金融经济繁荣发展了，市场经济体制才能健全完善，经济结构才能达到现代经济形态，老百姓才能有更多的机会参与投资、参与二次或三次财富分配，从而获得更多的财产性收入，进而步入中高收入阶段，社会公众也能更多更公平地分享发展成果，从而成功跨越"中等收入陷阱"，进入富裕文明的现代社会。

如此等等，足以说明，科学区分和认识实体经济、货币经济和金融（资本）经济的特点、作用，正确处理和把握它们之间的内在联系，协调发展"三大家族"，是具有重大意义的。

---

① 参见赵昌会：《金融，中国成为世界强国的入场券》，载《环球时报》2008年8月28日。

第三篇　浙商的商魂商道

浙商作为一个有着近千万人规模的企业家群体，走过了四五十年发展历程，形成了一些独有的精神文化品质——闻名于世的"浙商精神"。新时代，浙商更应该有自己的灵魂风骨和义利和合的商道。2012年12月成立的浙商发展研究院（浙商智库），其初心使命就在于更理性地叩问浙商之商道，更自觉地打造浙商的精神高地。

新时代浙商的灵魂高地

凡是过往，皆为序章。新年的钟声从远处传来，我们步入辛丑牛年，新的一年开始了。

中国的春节，是欢庆过去一年劳动硕果和开启新的一年的传统节日。对中国人来说，春节是极富文化深意的。比如，对自己和他人寄予美好祝愿，便是春节的传统习俗和文化内涵之一。

春节临近，《浙商》杂志的朋友希望我为浙商说几句新年祝福的话。我思来想去，觉得还是与浙商朋友们讲几句有关"家"的话。当然，今天要讲的这个"家"，是指"精神家园"的"家"。

为什么要讲浙商的精神家园建设呢？首先，春节、过年的主要内涵就是"回家"、全家团圆。中国人走得再远，一到春节，就会想家想父母想亲人，并且总要千方百计赶回家过年。"家"成了传承久远的一种精神原点和情感归宿。年三十写的文字，自然难离"家"的主题。其次，隶属浙江日报社的《浙商》杂志已创办十多年，一直致力于宣传浙商、服务浙商和引领浙商，实际上《浙商》杂志早已是浙商们的精神家园了。最后，也是更为重要的，如同每个人、每个群体都有各自的精神世界、精神标识一样，我们浙商作为一个具有共同的区域、职业、行为特性和价值追求的社会群体，客观上也存在着独特的精神特质。

正因为如此，在春节前的浙商发展研究院（浙商智库）座谈会上，我希望《浙商》杂志和大家自觉而鲜明地关注浙商的灵魂建设问题，也就是浙商的精神家园建设，并希望《浙商》杂志成为浙商的精神园地或者说心灵高地。

一说到浙商的精神世界，大家自然又会想到浙商传统的"四千精神"和2017年省里提炼的新时代浙商精神（即坚忍不拔的创业精神、敢为人先的创新精神、兴业报国的担当精神、开放大气的合作精神、诚信守法的法治精神、追求卓越的奋斗精神）。毫无疑问，这些精神现象是浙商精神家园的重要内容，但我以为，浙商精神家园应该比上述内容更为广泛，也更为深刻。

之所以说还有更为广泛的内容，是因为浙商精神还应该包括浙商物化、行为化和日常生活化的精神现象，包括浙商在不同历史阶段、不同区域和不同国家经商创业的"集体记忆"，甚至还包括浙商朋友们喜怒哀乐的一切心境世界的东西，而不只是几条原则性的精神特性。像对浙商群体的情感认同和寄托，对浙商发展前景、命运的期望，甚至对浙商身上某些缺陷和局限的鞭挞，都是浙商精神家园建设的应有话题。

之所以说还有更为深刻的内涵，是因为浙商精神家园建设要深究更本质更深层的东西，这就是浙商何以浙商，何以安身立命，何以恒久承续？这些就是浙商精神家园的内核，或者说是浙商精神的原点和归宿之所在。从根本上说，人之尊，心之灵，也就是人之为人，在精神。人之行，起于意，也就是意动处即为行，或行者必有念（王阳明称之为"知行合一"）；人之业，在执念，也就是恒久功业在于执着奋斗的意志；人之立，在于诚，也就是人以信为本；等等。这样一来，我们似乎要讲到人的本性和中国仁义理智信的学说了。显然，这样说也是有道理的。因为人有共同的本性，社会也有维系其生存和延续的共同范式。难怪王阳明心学在中日企业界颇受关注、颇为盛行。其实，对企业家，我们也可以这样说，企业家只是人和社会共同本性（范式）在市场经济活动中的表现，是为人者之道与为商者之道的统一，因而企业家在日常的言行中要遵循人、社会和市场经营活动中的共同价值及规则。但凡杰出企业家，多是行人之道和行商之道的楷模，他们身上体现着良知良能良行、敬天爱人、利义兼行、为善去恶、守正创新。正是这些东西构成了企业家安身立命的根本。真正的企业家是能赋予金钱物质和企业行为以灵魂的，是思想、正念、心灵在"指挥"企业家的行为。说穿了，企业运行的物化世界，本质上就是企业家内心世界的现实写照。

所谓浙商的精神家园，就是有浙商特性的遵循中国和人类社会共同本质的东西，在守正中勇于开拓创新，在追求自身财富中造就社会价值，在创造物质财富中创造精神文化财富。更宏观地说，就是天人之道、社稷之道、营商之道这"三道"的统一，构成了浙商精神家园最底层或者说最高层的内在逻辑。当然，浙商之道更应该在体悟、认知、践行上述"三道"上有自己的智慧特色和高明之处，这样才是勇立时代发展潮头的浙商所具有的担当和胸怀。从这种意义上讲，浙商在推进中华民族伟大复兴和人类命运共同体的历史进程中，应该有自己的精神支点和灵魂特性。浙商作为当今中国市场经济活动中规模和影响极大、也极具创新活力的企业家群体，要为当代中国企业家精神和中国时代精神建设作出应有的贡献。

至于浙商精神家园具体应包含哪些内容以及如何培育建设，大家可以切磋交流，尤其欢迎广大浙商朋友们参与讨论。我以为，讨论的文字宜短不宜长，几十个字、几百个字、千把个字的小文章，也许是更值得提倡的。

向着情怀和智慧出发

题记：2022年，浙商发展研究院为了纪念成立十周年，编写了《问道浙商——浙商发展研究院10周年画册》，笔者应邀作序，具体内容如下。

由浙江日报社发起成立的浙商发展研究院（浙商智库）已走过十个年头了，用什么来纪念呢？思来想去，就用走过十年岁月的一些画面，还有这千余文字来纪念吧。

浙商是改革开放的时代产物，是浙江人民的实践创造，是浙江发展的一道亮丽风景线。浙商作为当代中国最具规模的优秀企业家群体，它的形成和发展，离不开市场的基础力量、政府的引领力量和社会的助推力量。2011年10月25日，浙江省召开首届世界浙商大会，省主要领导在讲话中提出了"四个够不够"。即对浙商地位作用认识得够不够？对浙商成长发展规律研究得够不够？对浙商创业创新支持得够不够？对浙商关心爱护给予得够不够？这四问令企业家们感慨万千，也令领导干部们警心涤虑。

舆论从来就是一种独特而重要的社会力量。作为浙江舆论主阵地的《浙江日报》，始终关注、关心和支持浙商的健康成长，其创办的《浙商》杂志更是企业家们的良师益友，是人们观察浙商风云的重要窗口。为落实省委主要领导"四问"要求，浙江日报社领导迅速行动，决定依托《浙商》杂志社成立浙商研究院。在向省委主要领导汇报后，便着手筹备组建"浙商发展研究院"，并于2012年12月30日举行了成立仪式。我很荣幸被聘为院长。

本着关心、宣传、研究、提升和引领浙商发展的初心，浙商发展研究院成立以来，力所能及地做了一些事：学习宣传中央和省委、省政府的有关方针政策；深入企业调研，分析、探讨浙商发展中的经验和困难；组织专家与企业家开展交流；对国内外经济形势开展调研并提出年度分析报告；积极参加省内外浙商的一些研讨交流活动；尽可能为企业、政府、学术界搭建交流平台；有些同志还殚精竭虑地撰写了不少相关文章和专著。当然，这些活动的日常具体工作，是由《浙商》杂志社的同志们做的。他们是一批有情怀有活力的年轻人。

浙商发展研究院是一个民间的、带有虚拟性而非实体性的组织，主要是有什么会议、活动时才显得其存在。参加研究院的一批老同志、专家学者和企业家、著名人士，都是出于关心、支持浙商和浙江发展的情怀而走到一起的，他们或深入企业调研，或在会议室坐而论道，或在讲台上娓娓道来，或日行千里探望省外浙商……总之，他们用一颗初心、几多情怀牵手浙商，用一腔热血、几多智慧滋润浙商。

我们曾提出浙商应结合时代特点不断弘扬自己独特的精神，自觉形成自己独特的集体文化符号，要有自己的精神高地，《浙商》杂志应是浙商精神的家园。我以为，浙商精神的灵魂就是浙商创业创新的"千方百计""千辛万苦"，这种"千百""千万"精神成就了浙商，也是浙商行稳致远、展翅高飞的不竭动力。我们研究院有自己的精神吗？完整形态的不敢说，但我们是以浙商精神来研究和引领浙商的。我想，是不是可以说，"情怀和智慧"是我们浙商发展研究院这十年的主要灵魂和风骨？回想一下，如果没有一点情怀、没有一点智慧，那是成不了我们研究院的同志的。说到这里，我总想给研究院的同志们特别是经常参加研究院活动的同志们一句掏心的赞誉话。反复思考，觉得用这句话可能比较适合："浙商的良师益友！"

"浙商的良师益友"，也许就是十周年的最好纪念礼物吧！自然，做"浙商的良师益友"，是可以指向未来的，也是无止境的。我们真诚希望浙商是一个始终勇立时代潮头、引领时代发展的企业家群体！其实，浙商的成长和发展，无论过去、现在还是未来，不同样需要"情怀和智慧"吗？

做"有情怀和智慧的浙商"，也是我和浙商发展研究院同志们赠送给企业家最厚重的礼物。

我们期望把"有情怀和智慧的浙商"这句话、这份情，留下来并传播开去！是的，新时代的浙商，是接续奋斗的浙商，是有情怀和智慧的浙商！

由此我也想到，一切闪光的事业和人生，都是需要有情怀和智慧的！

让我们向情怀和智慧致敬，向着情怀和智慧出发、再出发吧！

江南无所有　聊赠浙商魂

　　题记：2022年6月30日，举行了浙商发展研究院（浙商智库）成立十周年纪念活动，大家深情回顾了十年风雨路程，秘书处和《浙商》杂志社的朋友们还精心制作并播放了十年精彩片段的视频。作为浙商发展研究院（浙商智库）院长，笔者作了总结性讲话，为过去十年画上一个句号，对浙商未来发展寄予深切厚望。

　　对在座的各位来说，今天是一个特殊的日子。我们以简朴而热烈的方式，在这里举行"浙商发展研究院十周年纪念大会"。浙商发展研究院即将走过第十个年头。十年路程，对历史来讲是短暂的瞬间，但对研究院以及我们每个人的人生来讲，十年并不短。这十年，我们一路走来，走得踏实，也很有收获。

　　大家都知道，浙商发展研究院是根据省委要求建立的。当年省委主要领导提出：各级领导干部都要问一问，我们对浙商及民营经济在浙江发展中所处的地位和发挥的作用认识得够不够？对浙商成长及民营经济发展的规律研究得够不够？对浙商及民营经济创业创新的实践支持得够不够？对浙商及民营经济的关心关爱给予得够不够？这"四个够不够"，令人深思，振聋发聩，迅速引发全省广大干部特别是浙商群体的热烈反响和广泛讨论。在省委主要领导提出这样震撼的"四问"之后,浙江日报社第一时间响应和落实省委号召,提出希望成立浙商研究院以助推浙商发展。现在的"浙商发展研究院"这一名称,也是由时任省委书记夏宝龙同志定下来的,他尤其强调,要突出实战性、实操性,要突出发展。

浙商发展研究院成立后,按照省委要求,围绕不断加深对浙商的认知,不断增强对浙商的感情,不断宣传浙商、传播浙商、研究和引领浙商等方面开展了一系列工作。也就是说,研究浙商、宣传浙商、发展浙商、引领浙商、提升浙商,是我们浙商发展研究院的初心和使命。为此,十年来,我们做了一些工作,概括起来,集中表现在以下五个方面。

第一,学习。主要包含两层含义。一方面,浙商发展研究院、《浙商》杂志的同志们以及广大浙商,一起学习党中央对经济发展的方针、政策以及省委、省政府对浙江发展的要求和精神;另一方面,我们和浙商相互学习。围绕学习,我们做了大量的工作,由此得出一个结论:浙商之所以成为浙商,是因为爱学习;浙商之所以能够打天下、闯天下,之所以能行稳致远,一个非常重要的因素就是爱学习。浙商是爱学习的群体。

第二,调研。浙商发展研究院成立后,开展了许多调研活动,对企业、对浙江乃至全国的经济发展状况进行了广泛的调查研究,包括走访企业、探讨国内外经济形势、每年都提出"三原色"经济报告等。在调研的基础上,还有咨询、释疑、解惑,以及提出建议。我们的很多建议不但直接为浙商服务,还为省委、省政府建言献策,有的甚至作为内参报给中央高层参考,这些都是同我们的调研联系在一起的。

第三,交友。既然要认识浙商、宣传浙商、提升浙商,就要和企业家交朋友。如果不和企业家交朋友,就很难真正地理解他们、宣传他们、帮助他们解决一些问题。十年来,我们通过各种渠道,同不少企业家交了朋友。我们多少可以说是浙商的良师益友!

第四,鼓劲。我们通过各种载体宣传浙商,为浙商、为民营企业鼓与呼。有人说,我们为浙商站队。是啊,我们觉得为浙商站队、力所能及地参加浙商的活动,本身就是为浙商鼓劲。在这一方面,我们做了不少工作,也发表了不少文章。

第五,提炼。我们对浙商的发展经验、对浙商群体的生存和发展规律、对浙商的时代特性等进行了多维度研究、提炼,实际上就是"问道浙商"。我们试图在已有认知的基础上,给浙商一种思想的引领、文化的引领。围绕浙商精神高地,我们做了不少研究探讨工作。

这些工作和成绩都是在浙江日报社的领导下、《浙商》杂志社各位同仁的努力下、广大浙商朋友的支持下取得的。今天播放的视频、赠送的画册和纪念品以及整个活动,《浙商》杂志社的同志们都做了精心准备。在此,请允许我代表浙商发展研究院,对浙江日报社、《浙商》杂志社和广大浙商朋友们的关心和支持表示衷心感谢!我们非常感恩,浙江有浙商这个群体;我们也非常感谢,像《浙商》杂志这样的媒体能很早就敏锐地感知到浙商群体的价值和意义,并以此推动浙江的发展。这十年,一路走来,我们自己也在成长、在充实、在提高,学到了很多鲜活的东西,出了很多成果。在此,我也代表我个人,对浙商发展研究院的每一位同仁的胸怀和智慧深表敬意,对大家的理解和支持深表感谢!

事业是无止境的,浙商也将不断发展,我们对浙商的研究还是要接续进行的。但不管怎么说,这个十年要画个句号了。

我从担任浙商发展研究院院长起,最集中考虑的一个问题就是:从历史角度看,任何一个商帮都是一种历史现象,那我们的浙商会不会昙花一现?我们的浙商怎样才能够作为一个群体行稳致远,几百年甚至更长远地存在下去?原来形成浙商的独特条件正在普遍化,原来早发的乡镇企业、先人一步的民营企业,在今天的发展环境、政策环境中，全国各地基本都差不多了，创造"四千"精神的老一代浙商也逐渐退出舞台，他们的事业正传承给新一代的浙商。这就带来一个问题：我们的浙商如何与时俱进？我们的浙商如何不断地向前走？我们的浙商如何保持引领时代发展？

十年来我一直在思考，十年研究浙商也给我许多启示。我对浙商的未来为什么充满信心呢？或者说，我们如何回答浙商从何来、到何处去这个根本性问题呢？简单地讲，那就是我们的浙商要在已有素养的基础上，把浙商魂、浙商脊梁、浙商精神、浙商的内在要素做强。浙商要有浙商的"道"。

正因为如此，这几天我一直在考虑，浙商发展研究院十年来主要做了什么、贡献了什么？浙商的未来需要注入什么、提升什么？其实我们并没有做许多事，研究院的同志们也没有多少"财富"可以贡献给企业家。由此，我也想到了南北朝时一位将军诗人陆凯赠给友人范晔（《后汉书》作者）的一首诗："折花逢驿使，寄与陇头人。江南无所有，聊赠一枝春。"在抗击新冠疫情中，"江南无所有，聊赠一枝春"很是流行。我想，我们也没有什么可以奉献给广大浙商的，只是在精神上为浙商鼓与呼，给浙商一点智慧。于是就想借用此诗，以"江南无所有，聊赠浙商魂"对这十年作一个总结，对未来予以厚望。

"江南无所有，聊赠浙商魂"的另一个重要含义，就是我们浙商要成为一个强大的群体，就要有整体意识，要有"集体记忆"，要有自己的灵魂，要有自己的精神文化标识，要形成一种自觉的思想支撑，要有坚韧不拔的精神力量。用王阳明的心学来解释，那就是我们的浙商要有一颗澎湃的心，一个强大的心的力量，也就是要有强大的"心力"。这是浙商内在的灵魂和坚挺的筋骨。我们浙商要在"千方百计"创新创业的基础上，进一步升华为更富有家国情怀的"智慧之商""圣贤之商"。由此进一步拓展下去，我们的浙商要做到人我统一。浙商的商道首先是人我的统一，最深层就是把我们自己所有的一切和天下大道相统一，达到天人统一。这是一种家国情怀、一种智慧、一种境界。如果拥有了这样一颗澎湃的、阳光的心以及强大的内在力量，我们的浙商就能够迎风破浪、勇立潮头，就能不断地发扬浙商的"四千精神"，勇于创业创新。浙江的发展繁荣必须根植于浙江企业家的强大，而浙江企业家的强大则必须依托于浙商内在心灵的强大，向着卓越、向着未来，不断去学习和超越。就像宗庆后董事长刚刚讲的那样，我们要"活到老学到老"，"只要干得动就会一直干下去"，这就是我们的浙商精神，这就是浙商独特的拼搏精神，这就是浙商不断创新创业的奋斗精神。一切美好都是奋斗出来的。我们的年轻一代要学习老一代浙商的这种精神，把这种精神不断地传承下去。所以，我认为对浙商的问道永远没有终止符，需要不断地追问下去、不断地进行充实提升，因为浙商也是随着时代发展而不断进步提升的。

为了今天这个庆祝活动，我将自己对浙商的认知写成了一首小诗，以此表达我对浙商的感情：

年年风云话浙商，
别了昨日装。
缘心起，情更长，
夜深梦浅还思量。
一路尘烟，万里冰霜，
策马扬鞭闯疆场，
遍地英雄创业忙。
边关雁，天涯客，
摘星邀月入行囊。
浙商，浙商，
栉风沐雨化故乡，
踏浪弄潮迎朝阳。

这首诗的题目是《风雨化故乡》。这是什么意思呢？我认为，浙商之所以成为浙商，正是因为他们把风雨作为自己生存和发展的故乡。千言万语汇成一句话，浙商就是在风风雨雨打拼中才成为浙商的。十年过去了，和昨天不一样了，浙商不一样了，我们也不一样了，但任何时候都要牢记：无论社会再怎么进步、科技再怎么发达，都需要"千方百计"的创新创业精神、在风雨中打拼的智慧和精神。没有风雨长不出花朵，没有拼搏出不了精彩。

把"风雨化为故乡"，这就是我们的浙商！

附录:

浙商发展研究院的初心和使命

　　作为浙商发展研究院院长，王永昌一直心系浙商，十多年来，和企业家深入接触交流，对浙商群体有独特的情感，更指导着《浙商》杂志团队共同坚守浙商发展研究院（浙商智库）的初心和使命，"依托媒体，为政府、专家、学者和企业家，找到一个最佳契合点，为浙江经济高质量发展、为浙商创新创业提供智力支持"。

　　在浙商智库年终总结会上，王永昌院长总结讲话时表示，此次会议开得非常及时和必要，并从三个方面对浙商发展研究院的工作进行了梳理和总结。

一、紧跟党中央经济政策方针，发挥智库作用

　　王永昌院长带领我们共同学习中央和省委经济工作会议精神，提出要坚持稳字当头，坚持稳中求进工作总基调。当下不确定的因素比以前更多，今年将是迈入"二十大"的关键年，党中央和浙江省委、省政府也给出了许多发展思路和举措。2021年，双碳、共同富裕、高质量发展、资本"红绿灯"等成为热词，浙商都十

分敏锐。研究院的专家们要进一步学习、进一步消化，通过调研形成智库产品，为服务浙商、引导浙商发挥智库作用。

二、引领浙商高质量发展，发挥智库动能

滨江集团作为浙商企业代表脱颖而出，如今"就像冬日里的一把火，燃出了经济发展的希望"。王永昌院长肯定了滨江集团40年来一路打拼过来的成绩。房地产行业是相对敏感的，牵动着经济和民生两大方面，滨江集团在企业管理方面独树一帜，将品牌、品质、资金、融资成本以及合作关系等，都很好地掌握并融合到企业的管理中，形成了独特的发展优势，这是滨江集团几十年来可持续发展的核心，也体现了稳中求进的发展要求。浙商企业要有自己的核心竞争力，在确定与不确定性共存的国际大背景下，在历史发展长河的曲折中，学会在困局中寻找新局的机遇，从而在市场中立于不败之地。

三、围绕浙商群体，牢记初心使命，发挥智库优势

王永昌院长肯定了浙商发展研究院在过去一年乃至过往九年的工作，在2022年浙商智库成立十周年的契机点上，提出了几点可持续发展意见。

关于总结回顾浙商发展研究院（浙商智库）工作，王永昌院长强调，要进一步明确研究院的定位，牢记初心使命，围绕认识浙商、研究浙商、宣传浙商、服务浙商、引领浙商开展工作；进一步明确浙商智库是要宣传中央和省委的大政方针，通过我们的研究和演讲等方式，发挥学习交流和引领作用；进一步明确浙商

优势和特点，把依托媒体属性的智库作用发挥好，将专家学者、领导、企业家和媒体优势融合好，形成有更大影响力的媒体智库。

浙商智库十周年工作要认识总结，提炼经验，补齐不足，发挥优势，关心了解企业问题，加强思考研究，要加强队伍建设，充实新生力量，将十年工作成果、作品予以展示表彰，要谋划制订好下一个十年工作计划。相信浙商发展研究院在大家的共同努力下会更有作为。

从《浙商》等杂志看媒体融合发展

题记：2021年5月18日，主流媒体深度融合研讨会暨人民日报社《环球人物》创刊15周年座谈会在浙江绍兴上虞新落成的人民文创华东中心举行，笔者应邀出席并作演讲。考虑到与《浙商》杂志发展有关，特将此演讲整理如下。

我很高兴有机会参加如此高端、专业的会议，而且作为外行谈点学习体会。说外行也不完全是外行，因为生活在自媒体、全媒体时代，我自己也在运营两个公众号。事先我也到浙江日报社的《浙商》《浙江共产党员》杂志就近年来有关媒体融合发展的实践作了一点调研。

前几天，《环球人物》的谢总编寄来了几本杂志，拜读后我对《环球人物》有了更直观的认识。学习了原副社长何崇元《把读者的要求落实好》的寄语后，我对《环球人物》的定位及诞生的背景有了了解，学习了方江山副总编辑《把中国精神写进每一个中国人物故事》的寄语后，我心潮澎湃，赞叹不已。我也要为《环球人物》杂志社的同志们点赞，因为你们本身就是这个时代的人物，你们和"无数的出彩中国人"一起，"唱响了共同书写的最美中国梦"。你们以"人物"为主体，为时代画像，为时代立传，为时代明德，你们的一笔一墨都在向全世界铿锵发声："实现中华民族伟大复兴，就是当今中国最宏大、最精彩也最温暖的时代故事。"方总对《环球人物》创刊15周年的寄语，思想内容深刻，情感真切，且文采飞扬、语言鲜活。正是从方总的文章中，我知道了《环球人物》是一本中国最好的时政人物杂志，你们为讲好中国故事、传递中国声音、弘扬中国价值、彰显中国精神，默默贡献着自己的聪明才智。值《环球人物》诞辰15周年之际，作为读者，我向你们致以崇高的敬意！

"数风流人物，还看今朝。"《环球人物》同全国各类媒体一样，正奋力走在新媒体、全媒体的发展大路上。对媒体融合发展，我了解不多。不过，多年来，我因担任省党建研究会会长和浙商发展研究院院长，对《浙江共产党员》和《浙商》两本杂志的"融媒体"探索实践，有所接触和了解。下面，我就从局外人的观察角度作一个简要的分析、介绍，供大家参考。

《浙商》和《浙江共产党员》杂志都由浙江日报报业集团主管主办。《浙江共产党员》创办于1958年，主要宣传报道浙江党的建设情况，2020年完成营收8000万元、利润1231万元，比上年增长40%以上。《浙商》杂志社创办于2004年，以"引领中国民营商业力量"为宗旨，目前发行量突破20万份，2020年完成营收7000万元，净利润400余万元，比上年增长50%以上。

作为传统纸质媒体，这两个刊物同样面临着市场经济和新媒体发展的挑战，需要在转型拓展中求生存，在融合提升中求发展。根据我的观察和了解，近几年来，它们积极探索的主要做法和特点有：

一、深度融合党委、政府中心工作

主流媒体要把握好政治方向，就要主动融入党委、政府中心工作，并多侧面多视角地深度融合。融合中心工作是政治要求，也是媒体最主要的内容和信息之源。

比如，2020年防疫抗疫期间，结合抗疫工作不同阶段，两个杂志及时推出战"疫"特刊、复工复产、"重要窗口"等主题策划和活动。《浙江共产党员》杂志围绕习近平总书记考察浙江的重要讲话精神，先后推出"立标杆　树品牌　壮队伍""浙江担当""决战双战场""春天里""良政善治""'重要窗口'组织担当""我们的英雄""争做新时代浙江组工人""担当作为好干部"等主题栏目。《浙商》杂志连续三期推出抗疫群像封面，及时报道浙商参与抗疫的先进事迹，同时还联合省工商联、省侨联、省科技厅共同组织了浙商抗疫英雄表彰大会，对企业抗疫好视频好歌曲以及先进人物进行表彰宣传。

主流媒体配合融入党委、政府中心工作，可以实现政治效益、新闻效益和经济效益的高度统一。

二、深度融合同类相近媒体

一个省、一个媒体集团的相关相近媒体和资源，不应各自为政，而应整合统筹、共建共享。

比如，围绕《浙江共产党员》杂志形成了《非公有制企业党建》《反腐败导刊》《宣传半月刊》等，期刊月发行量超80万份，跻身全国党刊第一阵营，最近还成立了《浙江共产党员》杂志集团。在深耕原创内容、做强精品刊物的同时，还形成了"红色故事会""红色培训""红色展陈""红色定制"四大业务经营主线，以"红色文化"为特色品牌，积极打造全国一流的党建传播阵地。该刊还为有关部门定制内容，扩大增刊系列，做好《党风文汇》《红帆》《浙江机关党建》等全年定制服务，策划《提升基层组织力》组工大增刊，为义乌市场党建、顺德"两新"党建、路桥"组织工作最强音"等定制刊物，开发《非公十周年》等图书画册定制、多媒体读本定制等产品。

《浙商》则与省工商联、省侨联、省金融办合作，办了《浙江工商》《浙商·侨音》《浙商·金融家》等杂志，与中国康养协会、浙江大学医学院、省民政厅合作出版了《浙商·中国康养》杂志。

媒体融合发展，首先要尽量打破条块分割、各自为政的陈旧格局，推进同类合并和共建共融，办好"刊中刊"，专业人干专业的事，实现优质资源集约化发展。

三、深度融合新媒体

传统主流媒体不但要运用移动互联网等新技术，而且自身还要发展新媒体，积极主动去融合社会自媒体。与其消极等死，不如主动进击，蹚出一条新生的血路。在自媒体、全媒体时代，这是传统媒体的必由之路。

比如，《浙江共产党员》不但建立了浙江党建网、中国非公企业党建网，还运营了"反腐前沿"抖音号，粉丝数已破500万，播放量超40亿次。"浙江组工"微信公众号在杂志社代运营一年来，粉丝量突破20万。2020年，杂志社的红色全媒体矩阵与传统期刊传播平台融合互动，新媒体粉丝数突破600万。《浙商》更是开办了世界浙商App、各类微信公众号、"浙商俱乐部"抖音号、新闻客户端"浙商频道"、浙商影视中心、浙商侨音云阅读平台等新媒体平台。目前，《浙商》杂志新媒体粉丝突破500万，在专业财经领域跻身全国前列。

把传统纸质媒体搬到网上，或者说运用各类新媒体平台发音，把自己的内容优势转化为传播的流量优势，不但可以有效扩大主流媒体的影响力，而且也是自我生存和发展的根本出路。

四、深度融合自媒体

主流媒体不但要拥抱新技术、新媒体，更重要的还要融合自媒体，形成以主流媒体为牵引的新媒体网络格局。

在自媒体时代,每个单位、每个组织、每个企业都是传播的主体。这是一个作者、读者、运营者三者打通的世界。我们说要深度融合,最重要的就是要融入亿万个自媒体的大海之中。

比如,一个企业就是一个媒体。企业界是一个海量的自媒体世界。随着传播方式的转变,企业营销、品牌建设等开始转到线上,架构起企业的传播链条,像阿里、网易、正泰、奥康等,都建有一支较为专业的团队,他们根据不同的媒体特性定向发送相关新闻,或者对同一条新闻进行多次按需分发。企业媒体团队通过建立微信公号、微博、抖音、头条、视频、直播等全媒体类别,生产大量的企业内容、产品推广、企业家形象打造等产品。2020年3月,《浙商》杂志推出了全媒体矩阵平台,首批邀请500家浙商企业公号入驻,浙商新媒体矩阵中的企业公号还推出了"浙商新媒体排行榜"(包括周榜、月榜、季榜以及年度榜)。《浙商》杂志广泛邀请全国较大的浙商商会和外省驻浙商会入驻,开设频道,通过双方新成立的浙商融媒体中心为分布在全国的浙商特别是浙江商会提供有效服务。目前,《浙商》杂志用户数达到5000万以上,量级和能级都有了新提升。

当然,互联网时代新出现的事物,比如百度、新浪、抖音、头条等,它们是新媒体、自媒体的依托平台。对这些新媒体平台,也是传统主流媒体需要主动去融合的。不管是借梯登高还是借船出海,只要能实现互利发展就好。在这个历史进程中,也许某一天有的媒体退出了江湖,但这是社会进步的必然。

此外,这些年还出现了带有非机构性的第三方自媒体运营平台,例如吴晓波频道、秦朔朋友圈等,在市场上延伸出了许多新的企业服务空间,其良好的运营能力、全网分发能力,也是机构平台需要重视的一支力量。

机构媒体、主流媒体有内容、专业、公信力等优势,与企业等自媒体融合发展，也许会裂变出新的业态和价值。

五、深度融合政务服务

任何组织都有传播与被传播的需要。媒体为党政部门中心工作服务，不是被动、单一的。我国的体制优势及党政组织优势，决定了深度传播、创新传播不但有很大的市场需求，而且也有充足的资源和能力。媒体向创新政务服务融合发展，也是一个重要领域。

近几年来，为政务提供创新、增值服务，成了《浙江共产党员》《浙商》杂志十分亮眼、收入可观的工作领域。比如，《浙江共产党员》杂志近年来先后策划推出杭州市上城区"党建领航·尚治观察"党建圆桌会、湖州市安吉县推行"导师帮带制"15周年工作研讨会、长三角党建引领小区治理研讨会（杭州下城）、长三角美丽城镇党建联盟启动等活动。杂志社与杭州西湖、临安，宁波余姚，温州瑞安、永嘉、鹿城，金华东阳等地形成清廉文化战略合作。他们还为机关党工委提供专刊定制服务，承接了十多个省、区的"两新"党建培训业务。依托纪、组、宣资源，结合省内各地清廉文化馆、党群服务中心、文化礼堂等建设需求，积极与第三方专业公司合作，开拓党建展陈市场，效益和前景可观。

《浙商》杂志充分发挥优势，为政府和企业家群体搭建沟通桥梁、提供服务。自2020年起，《浙商》先后与省工商联、省侨联、省发改委、省经信厅、省商务厅、省台办、省科协等部门建立实质性合作关系。比如，同省工商联合作建立融媒体中心，与省侨办、省侨联合作成立侨音融媒体中心，将省侨务系统所有新媒体与期刊融合运营，并打造浙籍海外华文媒体矩阵和成立浙江华侨网络学院，为全国、全球浙商提供服务。还与省发改委合作建立特色小镇联盟、与省经信厅合作建立浙江人工智能产业联盟、与省科协合作建立科创之江百人会等组织，为政府部门与企业沟通交流提供日常服务，相当于政府部门的一个外脑和助手。

总之，两个杂志社积极探索"新闻＋政务服务/商务"融合发展的路子，都收获了良好效果。

六、深度融合特色活动

媒体融合发展不能只理解为与新技术、新媒体的融合，其实，线下、网下人与人、面对面的融合也很重要，因为一切信息传播的背后都是人和人的活动。《浙江共产党员》《浙商》杂志近几年来特别重视开展线下的有特色的现场活动，有的还形成了品牌。

比如，《浙江共产党员》杂志已连续承办了四届浙江省基层党建论坛；2018年创新推出的全国红色故事会，在中央党史和文献研究院的指导下，故事会活动已走向全国，建党百年前夕在嘉兴南湖将举办"全国红色故事会"主题活动。他们承办的"绿水青山就是金山银山——十五年探索与实践大型图片展"，受到时任浙江省省长郑栅洁的肯定批示。《宣传半月刊》坚持11年深耕的微型党课大赛，以及由大赛培育出的"8090宣讲团"工作，得到了中央领导批示肯定。"微党课"的浙江青年宣讲团全省巡讲100余场宣讲活动，受到了时任浙江省委宣传部部长朱国贤的表扬。《非公有制企业党建》杂志与长沙、成都、烟台、杭州等地组织部门合作，承办了多场全国性"两新"党建专题研讨会。《反腐败导刊》还承办了全国性清廉乡村建设研讨会，对杂志扩展全国视野、开拓合作业务起到了良好作用。

《浙商》杂志多年来进行资源整合，已形成自己原创的年度品牌活动——年度浙商（投融资）大会、浙商年会，每年3万人次的高端商务人群的有效互动，形成了广泛的社会辐射面与品牌拓展力。又如，杂志与甘肃省政府合作，举办了甘肃省网上项目推荐会，同时开通兰州、杭州、深圳三地视频连线，邀请这三地部分企业家到直播现场，网上参与人数达到130万，甘肃省领导给予高度评价。其后，常年与甘肃省有关部门合作，举办了绿色产业全球招商会、甘肃酒业推荐会等活动，全年合作金额超过100万元。此外，还与青海海西州合作"浙江援青十周年及德令哈招商峰会"。他们运用浙商全国理事会、浙商财智女人会、浙商少帅会、浙商商学院同学会等组织资源，经常开展现场互动交流活动，形成了广泛的社会辐射面与品牌拓展力。

以上，我只从局外人视角对《浙江共产党员》《浙商》两个杂志近年来媒体融合发展的探索实践作了一点观察和介绍。毫无疑问，主流媒体转型、融合发展还涉及产业融合、体制机制、企业化运作、法律法规、分配政策、人才培养等方方面面，同时也是一个不断深化的过程，需要大家共同探索和努力。

第四篇　浙商的时代风采

　　浙商群体中有许许多多杰出企业家，他们打拼市场、引领市场，推动社会进步。优秀的企业家是我们时代的骄子，是值得人们尊重的财富创造者。这里撷取华为、吉利、圣奥等企业的风采，以点带面，全方位展现浙商的时代风采。我们之所以将华为也列入浙商范畴，是因为任正非先生祖籍金华浦江，更重要的是，华为精神很值得我们浙商学习。

华为是中国企业发展的一个大奇迹

题记：2019年9月22日下午，笔者应邀为中国人民大学浙江校友会作了题为"华为的磨难与智慧"的演讲，演讲内容如下。

在新中国迎来70周年之际，中国人民大学的浙江校友们欢聚一堂，共同表达对祖国的深爱之情，共同祝愿祖国的美好未来。借此机会，校友会的领导要我跟大家交流一下有关华为公司发展的情况。因为，华为公司目前遭遇的情况是世界一个大热点，而我前一阶段对华为公司又作了专门研究。

一、华为是中国改革开放的时代产物

经过新民主主义革命，建立了新中国，中国人民站起来了；经过社会主义革命和建设，特别是经过改革开放，中国人民开始富起来了；现在，我们正在向强起来的新时代迈进！在这个历史进程中，华为给中华民族的复兴奉献了一份厚礼。

华为的发展，可以说是中国这70年发展的奇迹，特别是改革开放的奇迹的一个缩影。今天的华为是中华民族的骄傲，是每一个中国人的骄傲。大家都知道，中国古代有四大发明，但是近现代以来我们有多少新发明呢？之前有所谓"新四大发明"的说法，就是网购、高铁、移动支付、共享单车。但以原创性和引领产业发展的社会进步为评判标准，这"新四大发明"看来还算不上是真正的"技术发明"。华为的芯片、软件、通信设备，特别是5G技术、核心网技术，已经成为全球最先进的技术。华为是一家了不起的中国民营企业。

大家想一想，华为的影响有多大？作为一个企业，它居然能让美国动用国家的力量来打压！其实，美国一直都在打压华为。只是自从特朗普上台后，这种打压上升了。经过十来个月，甚至从更长时间来看，华为能挺得住。它没有倒下去，将继续往前走。

这展示了华为的实力，展示了华为的未来。

大家想一想，华为只是中国的一家民营企业，美国对其如此大动干戈，却并没有完全达到目的。作为当今头号强国的美国，有时候打压一个国家，这个国家也是很难应对的。但美国的打压，却并没有把华为打倒。虽然对华为有不利影响，但没有造成伤筋动骨的影响，华为仍将是有大作为的华为。

作为今天的中国人，应该向华为人致敬。我们，特别是企业家，要学习任正非的智慧，学习他的奋斗精神——华为值得学习的东西太多了。我不是专门研究企业的，但因身兼浙商发展研究院院长之职，有时企业搞活动也要我去讲一讲。比如，《浙商》杂志社2019年5月要我讲一讲"新时代企业如何提高竞争力"。那时候，我刚好在看任正非先生接受国内外媒体记者采访的资讯。后来我想，华为的成长过程，不就是活生生的、很有说服力的打造企业竞争力的经典案例吗？

于是，我就把能收集到的有关华为的资料加以整理，认真阅读思考，再进行概括提炼，形成自己的心得体会。前一阵子网上流传的任正非先生30年来的400多篇讲话文稿，我全部都看了，而且看了不止一遍。还有一些介绍华为的书和采访报道，我尽可能都注意收集阅览。这个阅读过程让我养成了一个小习惯，就是一看到"华为"两个字和"任正非"的名字就特别敏感。昨天凌晨两点多还在看有关华为的最新报道。一个报道是华为的"全联接大会"会重点讲人工智能。这实际上意味着华为现在和未来的发展重点。另一个报道是，2019年9月19日，在德国慕尼黑，华为发布了最新的手机Mate30，这里面用了麒麟芯片。但我最关注的是它到底用了什么软件系统。我昨天刚好碰到华为浙江代表处的一位负责人，就问他华为新的手机Mate30到底用的什么系统？他告诉我用的还是安卓系统，我说我在有关报道中看到说不是安卓了，后来上网查了大半夜，才知道它是预安装了安卓系统，作为新手机整个生态系统的基础，但为了应对美国的相关规定（不能安装谷歌的最新版本的GMS生态系统），华为在安卓操作系统的开源版本的基础上加进了自己的系统。所以，推出来的这款新手机的软件操作系统不完全是安卓的，也不完全是华为的系统。两者结合的架构可能是当前比较好的一种模式。

二、辉煌的背后都是磨难

华为的成长和我们中国人民大学有些关系。大约20世纪90年代中叶，也就是1996年的时候，人民大学几名学者组成了一个团队，受邀帮助任正非起草企业管理的基本法——《华为基本法》。这对华为的发展具有历史性意义。这个基本法把华为的管理、文化、价值观整体地进行了概括总结。任正非本人也正是在起草基本法的过程当中，对自己的企业经营管理经验进行了系统的梳理，这为华为未来的发展奠定了基础。

但我这里要讲的是，华为的成长是一部辉煌悲壮的史诗。华为的成就多么光辉灿烂，但辉煌是磨难铸就的。

1. "烂脚"：痛并快乐着

大家现在看到的这张图，是跳芭蕾舞的舞者的脚。

一个很有名的美国摄影家拍摄了一组跳芭蕾舞的照片。他拍了很多，其中就有这一张。看这张照片，一只脚穿着芭蕾舞鞋，看起来很美，尤其在跳舞的时候；另一只脚没有穿鞋子，让我们看到了一只伤痕累累的"烂脚"。这只"烂脚"露出的就是芭蕾舞的舞者为跳舞付出的代价。这双对比鲜明的脚，让我们想到，芭蕾舞跳得越美，跳芭蕾舞的演员就要付出越多的痛苦。这就是代价。美丽是由痛苦练就的。

任正非先生看到这张照片后，很感叹，说这张照片不就是我们华为的真实写照吗？他说，华为就是这双脚！华为的发展过程是痛苦的，付出了艰难的代价，华为今天光鲜的背后是10多万华为人的"烂脚"造就的！但华为人走到今天，又是非常快乐的！只有付出了痛苦才有收获，才会有成功的喜悦。所以，华为人的人生，痛并快乐着！

"痛，并快乐着！"这句话极为生动有力！

不少人可能都知道，华为发展的前十几年，高负荷的工作节奏让员工很痛苦，加班加点是家常便饭。在那个时期，其实包括很多高管在内也都很不容易，内部和外界曾一度用狼性文化来评价华为的风格，那时连任正非先生本人也出现了极大的心理问题，曾患上抑郁症。今天华为取得了巨大的成就，是令人很快乐、欣慰的事，但也付出了艰辛的代价，所以说，是痛苦但快乐着！

这张照片推出来以后感动了世界上很多人。尼日利亚电力部部长及其夫人看到这张照片以后，就主动提出要在他们的国家宣传这张照片背后的故事。

任正非先生很善于运用照片和图片来为他的人生和企业做宣传。有时候一张图片，要比很多文章还有说服力。运用直观的、感性的、形象的东西去说明某些事物，也许效果更好。

2. "孟晚舟事件"：伟大的背后都是苦难

第二张图片，是孟晚舟去年12月在加拿大被不当拘捕，经过各方努力被保释出来后，第一时间发的微信朋友圈的截图。

她在微信朋友圈中说："我在温哥华，已回到家人身边。我以华为为傲，我以祖国为傲！谢谢每一位关心我的人。"而且还配了这张照片（"烂脚"照片）。她把广告词改了，改成了"伟大的背后都是苦难"。

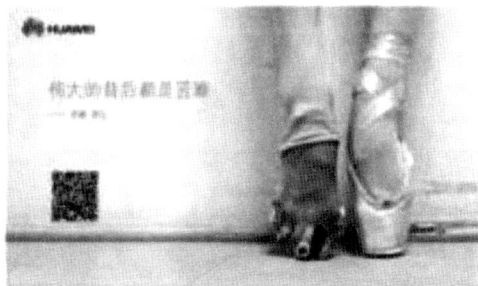

这句话不仅完全反映了华为发展进程的酸甜苦辣，也反映了孟晚舟，或者是任正非先生一家和他的企业当下的现实。华为取得了伟大成就，它的背后都是苦难！

这句话，原本是根据法国著名作家罗曼·罗兰的一句话翻译过来的。我琢磨了半天，我想把"伟大的背后都是苦难"的"苦"字改成"磨"，就成了"磨难"！华为就是"磨"出来的。"磨难"还是个动态的过程，而不是静态的"苦难"。当然，不光是华为，我们每一个人，每一个企业，想取得较大的成就都要经受磨难，都要经受痛苦，都要付出代价。你越伟大，越要经受大的磨难。这是辩证法。任正非曾反复说过，繁荣的背后是萧条、是危机。这就是事物发展的辩证法。

3. "烂飞机"：浑身弹痕累累却依然战斗到底

这是第三张照片。这张照片大家可能也看到过。目前华为使用最多的就是这张照片。中外记者们去采访，任正非也通常会展示这张照片。

在华为屡屡受到美国打压时，任正非看到了这张照片，他就说这张照片上的飞机不就是我们今天的华为吗？他就把这张照片的版权也

没有伤痕累累，哪来皮糙肉厚，英雄自古多磨难

一架二战中被打得像筛子一样，浑身弹孔累累的伊尔2飞机，依然坚持飞行，终于安全返回

买了下来。

这架飞机是第二次世界大战时苏联的伊尔-2型战机。图中的战机虽然已经被打得伤痕累累，但仍然坚持飞行！任正非说，华为现在受到美国那么大的打压，现在就和这架飞机一样，一边修补一边飞行，即便伤痕累累，我们也坚持安全返航。

这张照片代表了华为不怕打压、在逆境中坚持战斗的精神。

三、美国为何打压华为？

多年前，美国就在不同方面开始防范和限制华为，特朗普上台后上升为全面打压。那么，美国为什么要如此打压华为呢？

首先，以美国为首的西方国家，仍然对中国抱有防范、敌对心态，把中国看作不同社会制度和意识形态的敌对国。中国是共产党领导的，中国走的是社会主义道路，他们就认为是对他们的威胁，是竞争、对抗的。实际上是冷战思维在作怪。

我们当然是走我们自己的路，不搞恶性竞争，更不搞敌对的对抗。人类历史发展过程中，各个国家形成了各自不同的文化，选择各不相同的制度，这是人类文明多样性的表现。

第二次世界大战后又形成了东西方两极化的格局，几十年来东西方处于对抗状态。人类有一个毛病，就是相互不太信任，有的甚至喜欢搞你死我活的零和博弈。现在、今后这种现象仍会长期存在。中国人胸怀应开阔一些，多提倡构建人类命运共同体，在国际交往中坚决摒弃冷战思维。

现在看来，美国并没有完全摒弃冷战思维。下面，我主要从7个方面谈谈美国打压华为的背景，从中可以看出美国当政者的冷战思维。

1. 遏制中国力量的崛起

美国打压华为的第一个背景，就是苏联解体以来，国际力量格局发生了重大变化。变化最大的就是中国力量的崛起。

近些年来，中国力量迅速上升，但我们要对自身当前的国际地位有清醒的认识。党的十九大报告讲到，进入新时代，中国正日益走近世界舞台中央。这显示了中国国际地位的提升。但目前我们还没有处在世界舞台的中央，在各种国际关系中处于主导地位的仍然是美国。而且，在可预见的相当长时期里，美国的国际地位都不可能从根本上被撼动。对此，我们要保持清醒的认识。

中国力量不断提升，引起了世界一些国家的恐慌。"修昔底德陷阱"理论认为，新兴大国必然会对现存大国带来挑战，现存大国也必然会回应这种挑战，遏制新兴大国的崛起，新旧大国之间必然会发生摩擦，甚至爆发战争。就美国的对华表现来看，显然他们对此理论深信不疑。其实，哪里没有矛盾？矛盾肯定有，但不一定导致战争。2015年，习近平主席访美时曾说："世界上本无'修昔底德陷阱'，但大国之间一再发生战略误判，就可能自己给自己造成'修昔底德陷阱'。"这无疑体现了习近平主席的智慧，表明了中国态度，对那些整天活在"中国威胁论"里的西方国家来说，真是犹如醍醐灌顶一般。

2. 民粹主义、单边主义思潮崛起

第二个背景，就是这些年来世界上极端民族主义、狭隘民族主义沉渣泛起，民粹主义、单边主义不仅在以巴西为代表的拉丁美洲国家蔓延，更在英美等国扩散。

民粹主义最典型的表现，就是特朗普推行的"美国优先"。"美国优先"必然导致美国奉行单边主义，为国际关系增添极大的不确定性。

特朗普也经常被冠以"民粹主义政治家"的称号。在欧洲，民粹

主义则以反传统的面目进入政治体制。民粹主义者明确提出反移民、反欧元区政策，对欧盟权威也发起了挑战，更重要的是对现行全球治理秩序、国际多边关系形成了严重威胁。

3. 中美关系的新变化

第三个背景就是中美关系的新变化。

1979年中美建交，中美关系取得突破性进展。

改革开放以后，美国的对华策略主要基于两方面的战略考虑。一个是从经济角度来讲，世界市场繁荣有赖于国际贸易，而国际分工能够极大地促进国际贸易发展。所以，在国际贸易体系中，发达国家总是千方百计要打开发展中国家的市场。在自由贸易中，往往是发展中国家承担国际分工中的下游产业，发达国家则凭借技术密集型产品在全球范围内攫取基础资源和高额利润。

再一个就是改革开放之初，邓小平访美极大地推动了中美关系的发展，这让美国的精英们抱有这样的观念——只要中国开放，只要中国接触世界，美国就有信心和平演变中国。但改革开放40多年来，中国在不断加强与西方各国贸易合作的情况下，经济高速发展，中国特色社会主义道路越走越宽广。这时，美国的精英们就指责中国没有在国际关系事务中承担起相应的责任，而是利用各种便利只顾发展本国经济。奥巴马更是抛出"搭便车"的言论，在国际上产生了很大的迷惑性。我们自己要清楚，我们还是发展中国家，发展依然是当前的要务。我们要保持自身定力，就像习近平主席说的："家门口太平，我们才能安心、踏实办好自己的事情。"[1]一方面，我们不能上美国的当，也去当世界警察；另一方面，中国的发展就是对世界发展的贡献，中

---

① 习近平：《守望相助，共创中蒙关系发展新时代——在蒙古国国家大呼拉尔的演讲》，载《人民日报》2014年8月23日。

国的和平崛起就是对世界和平的贡献。中国的回应显示了大国气派，那就是："中国愿意为周边国家提供共同发展的机遇和空间，欢迎大家搭乘中国发展的列车，搭快车也好，搭便车也好，我们都欢迎。"

特朗普上台后，认为美国一定要采取各种措施遏制住中国上升的势头。所以，特朗普在美国掀动民粹主义，推行"美国优先"，发起了针对其他国家特别是针对中国的贸易战、企业战、科技战等。

4. 中美贸易摩擦

第四个背景就是中美贸易摩擦。

中美贸易摩擦现在处在一个关键的时候，在美国看来，对华为不可能坐视不理。当然，我们从来都不说美国打压华为是中美贸易摩擦的一个重要部分。任正非更是直言，说华为不过是中美贸易冲突当中的一颗小芝麻！他说华为在美国的业务并不多，并没有什么影响。但华为在全球的行业影响力十分巨大，它代表的是中国高科技企业，这严重影响了美国在国际贸易中长期占据的高科技优势地位和得到的利益，美国感到了某种过于敏感的"忧虑"。

可以说，中美贸易摩擦问题不解决，美国就会一直打压华为或其他高科技企业。当然，中美贸易摩擦有可能在其他方面达成双方协议，但即使这样，在我看来，华为在美国遇到的业务发展阻碍不会得到一揽子的顺利解决。

5. 美国的三个借口

第五个背景，就是美国打压华为的直接理由，也就是美国提出的所谓三个方面的借口。

第一个借口，说华为违反了美国的交易禁令。比如，"孟晚舟事件"。美国指控孟晚舟涉嫌欺诈美国银行，尤其是涉及华为公司在伊朗的业务。当然，这一指控始终没有得到真正的证实。任正非坚称女儿清白，并指出美国抓错了人，控制孟晚舟并不能遏制华为的发展。

第二个借口，说华为侵犯了美国公司的知识产权。我们知道的是，华为和思科之间的世纪诉讼历时一年半，最终以双方和解为终结，思科并没有拿出真凭实据。华为一向要求美方拿出证据，到法庭上见分晓。

第三个借口，说华为产品有安全问题。美国情报部门认为华为的产品有后门。任正非回应说，首先，华为卖的是裸设备，产品绝不会安装后门，至于设备的运行管理，用户自己掌控。其次，既然说我设备有问题，请拿出事实来证明。到目前为止，华为产品在世界同类产品中是最安全的。当然，美国对此并不买账，但确实也拿不出实证。最后，任正非表示华为可以公开签订无后门协议。

6. 前沿的技术竞争

美国打压华为的第六个背景，还是在于华为的技术优势。特别是5G技术，华为已经取得世界领先地位。

现代信息技术一般由三个部分组成。

第一个部分就是我们讲的芯片、集成电路。目前，这个领域最先进的企业是美国的高通、英特尔和AMD等。华为的芯片，最成熟的要属手机芯片，也就是麒麟芯片，已经能够和高通比美。在PC领域，华为的鲲鹏芯片是世界上第一款7nm芯片，初衷就是为了打破英特尔和AMD的垄断地位。除此之外，华为在人工智能领域有昇腾芯片，在5G手机基带领域有巴龙芯片，在家用路由器领域有凌霄芯片，这些都取得了世界领先地位，尤其是巴龙芯片，能与之抗衡的只有高通。

第二个部分就是我们讲的操作软件。在PC领域，根据用户量来说，行业老大还是微软设计的Windows系统，苹果公司设计的MacOS只能排到第四。但在手机领域就不同了，谷歌的安卓系统和苹果的iOS系统两虎相争。华为也一直在默默发力，研发自有操作系统，于今年8

月发布了鸿蒙系统。华为鸿蒙系统能够在PC、大屏幕和汽车等各种设备上应用，当然也能用于手机。这就说明，华为意在构建一个技术的生态系统。

第三个核心部分就是通信设备。在通信设备领域，华为早已是世界第一，特别是5G基站等通信连接设备，更是引领世界。从信息技术和服务来看，目前占据各领域领先或前列地位的大多是美国企业，但它们只是各自在某个领域领先，而华为一家企业几乎在所有重要领域都占据领先或前列地位。这就是华为的过人之处！

除此之外，华为还要建立一个世界级的思想研究院。任正非说，这个研究院就是一个"火花研究院"，这里的研究人员都是来自世界各地的顶级科学家，他们提出的是关于未来方向的思想火花。

我们说华为现在不仅是世界第一的通信设备生产商，在相关科技上也领先世界。科学技术是第一生产力。华为科技领先世界，就意味着中国在当今最重要的科技领域领先世界了，这意味着中国的国力有了不断提升的科技保障。美国深陷"修昔底德陷阱"，对中国的崛起持防范心态，甚至屡屡展现出不太友好的行为。美国挑起贸易争端也好，打压中兴、华为等中国高科技企业也罢，实质都是企图阻挠中国的崛起。

7. 美国的信息安全战略

最后一个背景，也是我们大家都知道的，美国热衷于信息战，不光在国外，在美国国内也是，前有水门事件，后有斯诺登事件。美国窃取各国情报，甚至监听盟国领导人的通信，早已是公开的秘密。

我们可以设想，美国假定华为设备安装有后门，那么从这个前提出发，使用华为设备就会妨碍美国人的窃听行为。因为美国去监听别国情报时，如果这个国家使用的是华为设备，就会面临被华为反监听或者阻断监听的危险。从这种意义上说，使用华为的技术和设备的确不利于美国的信息来源和"信息安全"。但这不是华为的设备问题。恰恰相反，使用华为的技术和设备更有利于信息安全。

四、美国如何打压华为?

由于时间关系，下面的内容我只能简要地说一说了。美国打压华为的手段是多方位的"组合拳"。

第一，意识形态攻击。美国打压华为的第一个手段，就是从意识形态出发，对华为肆意妖魔化。

华为是地地道道的中国企业，于是他们就把华为宣传成中国打进美国的间谍公司，将其视为中国对付美国的有力武器。我们知道，在此之前，任正非是一个很低调的企业家，很少在公众场合露面，也很少接受新闻采访。近来他多次主动接受国内外媒体采访，主要就是因为国际上对华为的不实宣传太多了，且大部分都是负面报道。再说，美国的种种不实之词和指责，也迫切需要他站出来为华为说话，让世人看到一个真实的华为。

第二，禁购华为产品。这是美国对华为一贯采用的手段。近期，特朗普禁止美国任何政府工作人员使用华为产品。需要注意的是，美国不仅禁止华为产品在美国销售，也禁止华为在美国开展业务。

第三，禁止本国企业向华为供货。运用总统紧急动员令、商务部禁销令等手段，美国禁止美国公司向华为供货。华为是国际公司，大部分业务依靠全球供货。无疑，美国的"禁销令"会对华为产能和销售业务产生影响，但与此同时也难免会伤及美国自己的企业。

第四，不断制造诉讼纠纷。针对华为的各种法律诉讼，大多被证明为不实指控。其实从思科起诉华为开始，法律诉讼就一直是美国用来压制和间接拖垮华为的重要手段。

第五，联手盟国打压。联手盟国打压竞争对手，也是美国惯用的伎俩。这次美国也要求盟友一起制裁华为，使得华为产品和服务特别是5G技术相关产品在世界市场屡次受挫。

上面提到的几个方面都是从宏观角度来谈美国如何打压华为的。

从微观上，美国使用了以下九种手段，这九种手段是华为自己整理的。

今年8月底，有关媒体报道称美国司法部对华为进行所谓窃取商业秘密刑事调查的新闻。针对报道提及的Oliveira等事件和美国政府近期的调查行为，华为专门发表了严正声明，揭露美方种种打压华为的不当或非法做法。主要有：（1）通过执法机构威胁、恐吓、要挟、利诱、策反华为在职或离职员工为其工作；（2）以不正当的方式搜查、扣押甚至拘捕华为员工或合作伙伴；（3）设置各种陷阱或圈套，冒充华为员工，制造案件，试图形成对华为不利的不实指控；（4）采取网络攻击的方式不正当地刺探华为的内部网络和信息系统机密；（5）通过FBI上门约谈的方式进行施压，要求华为员工作为内应配合获得华为信息；（6）动员和策划与华为有商业合作或有商业冲突的公司对华为作出不实指控；（7）搜集各类虚假的针对华为的负面报道，并以此为依据展开调查；（8）将历史上已经解决的民事案件，以技术秘密窃取等理由，进行选择性的刑事调查或起诉；（9）通过恐吓、拒发签证、扣货等方式，阻挠正常的商业活动和技术交流。

五、华为的应对措施

那么，华为怎么来应对美国的打压呢？

首先，针对不实舆论，华为积极澄清并宣传自身。其次就是积极应对法律诉讼。这些前面说过，我们就不谈了。

这里我们要提一下华为如何应对美国的"禁销令"。华为作为国际公司，其产品设备很多部件要靠其他企业供货，因此"禁销令"对华为的打击是不言而喻的。但是华为并没有受到"禁销令"太大的影响。原因之一，就像任正非所说的，现在世界经济的基础是互相依存而不可能是孤立存在的。"禁销令"伤害了美国公司的利益，而法国、德国都表态不会禁用华为设备，就连英国也有条件地与华为展开合作。另一个原因是华为早就未雨绸缪，有充分的估计和准备。所以，任正非说，即使没有美国供应，华为也可以独立生存，而且还可以生存得非常好，可能照样会成为世界第一。

另外，在对外宣传上，任正非也很有智慧，他首先就讲商业行为和政治要分开，他是企业家，就发展企业，跟政治没有关系。然后，他说要把网络安全与信息安全分开。这是什么意思呢？他反复强调的网络安全是指设备的技术问题，世界上所有的设备，是不可能百分之百安全的，但华为的设备目前是世界上最安全的。美国人讲的涉及国家安全问题，指的是信息安全，这个和华为有什么关系呢？华为卖设备给你，就像这个话筒，卖给你这个话筒是传我的声音还是谁的声音，这是你的事情，是由你们自己去控制的，和我卖设备有什么关系呢！如果我卖出的这个话筒传不出声音了，这才是我的事，属于设备问题了。如果谁利用话筒说了一些危险的话，那就是你自己管控的事了。

六、华为的发展前景

华为的发展前景会怎么样？

根据我个人的判断，第一，这次美国的打压对华为肯定有影响，华为的销售、市场会受影响，但愿科技创新的步伐不要慢下来。华为产品在国内销量会增长，但在国际市场上暂时会遇到冬天。

第二，华为面临的困难局面仍会存在，我认为起码两三年内，对华为的影响肯定是比较大的。

第三，如果中美关系没有明显缓和，如此走下去，以美国和中国为代表的东西方之间，在信息通信领域会不会形成两个体系？这是非常令人担忧的事。本来国际电信联盟3G时代就形成了共识，就是人类在通信领域的标准应该统一，不要再搞不同的模式。这既利于世界进步，也降低了使用成本。5G网络技术标准已经基本统一，信息处理标准用的是美国高通的技术和架构，信息接入用的是华为的标准。现在我们担心，如果欧盟和美国联手拒绝使用华为设备和技术标准，那么就会在全球形成东西两个体系的通信标准。这不但对华为的海外市场影响极大，对人类的信息化、智能化也是个重大损失。

第四，华为是不会倒下去的。为什么不会倒下去？华为目前的技术是比较全面的，也是比较前沿的，就凭华为现在的技术实力，足以在世界上生存和发展下去。华为不光在5G技术、基站技术和微波通信技术方面是世界第一，在光传输、光交换、接入网和核心网方面更是远远领先世界。就算欧美市场有阻力，还有我们国内市场，其他如中东、非洲市场，还有和我们比较友好的一些国家的电信市场，华为仍然享有巨大的市场，这足以支撑华为企业发展。华为是一个伟大的中国公司，华为不但不会倒下去，还会越来越好。

有关华为的成长对我们的启示，今后有机会再交流，大家也可以在我即将出版的《华为：磨难与智慧》中去了解。

李书福身上所展现的浙商精神和情怀

题记：2021年4月12日下午，上海高金金融研究院民营经济研究中心、浙商发展研究院举行了走进吉利控股集团活动。李书福先生参加了对话交流活动，吉利控股集团高级副总裁杨学良介绍了吉利集团的发展情况。笔者受邀发表了即席演讲，具体内容如下。

首先，请允许我代表浙商发展研究院，对上海高金金融研究院民营经济研究中心的各位老师和同学的到来表示热烈的欢迎。欢迎你们来到浙江，来到吉利集团学习考察、传授经验。

刚才，吉利控股集团高级副总裁杨学良对吉利集团36年发展历程做了全面的回顾和展望，概括了吉利集团董事长李书福先生所讲的企业家精神，让我们深受启发。

下面，我想从浙江民营企业家成长历程和浙商精神的角度，对吉利集团发展过程中和作为著名企业家李书福先生身上所展现出来的优良品质，谈谈我个人的感受。

李书福先生是从东海之滨的浙江台州创业起家的。他从1986年起步，走过钱塘江，跨过长江和黄河，近10年来又飞越太平洋，走向了世界，成为面向全球的吉利集团。李书福和吉利集团是我们浙商的标杆，也是浙江民营企业的一个精彩缩影。

今天，李书福先生带领的吉利集团已成为中国汽车行业的领头羊，李书福先生也已成为世界级的企业家。回顾李书福先生近40年不平凡的经历，我们不难发现，在他身上很典型地体现了浙江企业家的素养、情怀和品质，也展示了改革开放以来中国民营企业家的成长风采。

这种素养和精神特质，我认为起码体现在以下几个方面。

第一，李书福先生展现了顽强的创新创业精神。要想把企业做大，就要成为一个吃得起苦累、经得起风雨的企业家。拼搏创业是企业家立业之本，真正的企业家更要懂得把创新与创业很好地结合起来，做一个创新型的企业家，从而带领企业行稳致远，不断进取，面向未来，勇立潮头。

大家知道，李书福先生有一个故事——当年还在做摩托车的他，就提出了自己的汽车概念："汽车不就是沙发上装上四个轮子吗？"这句话充分体现了那个时代的李书福和浙商身上敢闯敢冒、大胆设想、小心求证的创新情怀。正因为拥有如此的想象力，企业才走得长远。企业家一定要把创新和创业有机结合起来。在创业中创新，在创新中创业，如此循环递进，企业才能走向更新更高的发展平台。

第二，李书福先生展现了专注的工匠品质。企业要生存得有价值和意义，而且要在激烈的市场竞争中立于不败之地，不断地做大做强，就必须为市场创造出更多的价值。这就要求企业拥有与别人不同且难以简单复制的独特的核心竞争力。而企业的核心竞争力势必要落实在企业主打的产业、产品上。这就需要有专注、专业的工匠精神，几十年磨一剑，久久为功。弘扬工匠品质和精神，就是不能三天打鱼两天晒网，更不能仙女散花，不能今天搞这个明天搞那个，不能轻易去看更不能轻易去采路边花，而要专注、专心于主打产业和产品上，要有专业精神。否则，你就不可能在这个行业生根开花，做出自己的品牌，有自己的特色，有自己的绝活，有自己的核心竞争力。所谓核心竞争力，最关键的就是在自己主打的产业、产品上，能形成与人不同的、人家难以与你竞争的能力，而这是需要长期专注和积累的。像吉利集团，就是几十年来专注在汽车产业深耕细作，才一步步走向了成功。这就是工匠精神、工匠品质。

第三，李书福先生展现了战略的运筹风采。所谓企业，就在于你能够把社会上的各种要素、资源统筹整合到你的企业平台上，并进行重新配置组合，打造具有市场价值的新产品。企业是整合社会资源的平台。高明的企业家就在于能运筹和运用好这些社会资源。从这种意义上来说，我们企业家不只是纯粹办企业的人，而应该兼有社会活动家性质。企业家要把社会上的资金、科技、人才等运筹聚合起来，保持企业和政府的良好关系，为企业的发展服务。

企业家的要义就在于能高效统筹和运用社会发展资源。一个人要兼具企业家与社会活动家的特质，才能成为著名的企业家。李书福先生就是因为能通过战略运筹各种资源，才使企业一步步做大做强。

第四，李书福先生展现了高远的理想情怀。真正的企业家总是站得高一点，看得远一点，想得久一点。也就是说，著名的企业家既要把企业做好，又要把企业融合在整个社会的发展之中，应该是有理想、有目标、有社会担当的。这才是时代所需要、人民所尊重并且不会被时代所淘汰的企业家。

吉利集团在情怀和理想方面，不但有"让世界充满吉利"的远景理想，还有自己的使命和价值观。目前，吉利已创办了七八所大学，这不仅是企业发展所需要的，更是社会所需要的。除此之外，李书福还创办了公益基金会，从事扶贫事业，这就是一种博大的企业家胸怀。

今天的浙商，应该成为义利并举，立德、立功、立言的圣贤浙商。这样，我们的企业家才能飞得更高更远。

第五，李书福先生展现了独有的哲学智慧。最近，我翻阅了很多有关吉利集团的材料，还看了《浙商》杂志最新一期专题报道《速度与激情》。这些资料为我们介绍了国际国内汽车行业的发展动向，其中以吉利汽车最为典型。我还几次翻看了李书福先生在吉利集团内部以"守正出奇　实事求是"为主题的讲话材料，了解了他就全球格局变化、国内国际双循环之机遇和挑战、企业治理能力、科技探索等领域谈的六大洞见，颇有感触。其中最深的一个感受是，数年不见，当刮目相看——李书福先生的讲话充满哲学智慧。

李书福的讲话内容的确充满政治智慧和哲学思想。例如，对当今世界大变局和中国大格局的理解；对"软件定义汽车"与"汽车定义软件"的辩证把握；对"未来定义现在"与"现在定义未来"及蓝色吉利行动之一、之二的对接；对拥抱新科技、鼓励创新与拥抱市场、求实稳健的透彻辨析；还有他讲的"汽车永远是汽车"背后可能深藏的"汽车也许永远不等于汽车"的悖论逻辑（因为汽车的灵魂永远是人）。如此等等，都充分展现了李书福的哲学智慧。

同志们，当今的时代正是汽车行业智能化的"春秋战国"时代。我们相信，吉利一定能够打造出一个让中国和世界都充满惊喜的"汽车帝国"！我们衷心地期待着。

她似一团燃烧着的火

题记：2020年10月23日，笔者受邀出席慈吉教育集团成立20周年暨慈溪市慈吉教育基金会成立仪式并作演讲，具体内容如下。

今天，阳光灿烂，惠风和畅。在这个大会堂里，彩旗飘扬，喜气洋洋。二十载砥砺前行弦歌不辍，二十载薪火相传春华秋实。值此慈吉教育集团成立20周年之际，请允许我代表浙商发展研究院以及广大浙商朋友，向慈吉教育集团及各学校的师生表示热烈的祝贺，向徐娣珍女士20年栉风沐雨投身教育事业表示由衷的敬意！

徐娣珍女士作为慈吉教育集团的奠基人、引路人，她把心血都投入到了美好的教育事业上。她把学生当成自己的孩子，把教职员工当成自己的家人，把学校当成自己的家，倾心倾力，执着追求教育梦想，用满腔的热血创造了民办教育的奇迹，为教育事业作出了重大贡献。20年，她把慈吉教育集团所取得的业绩，写在了慈溪的大地上，写在了浙东的大地上，写在了我们祖国的大地上。20年来，慈吉教育集团和慈溪的大地上飞出了一批又一批用知识武装起来的、茁壮成长的年轻雄鹰，他们在祖国的蓝天、在世界的蓝天高高地飞翔。这就是慈吉教育集团为我们这个时代人才的成长，为我们这个社会教育事业的进步，所作出的骄人贡献。

在这里，我由衷地对徐娣珍女士，对宁波市、慈溪市各级领导和社会各界人士长期以来给予教育事业发展的重视和支持，表示深深的敬意。这几年，我作为浙商发展研究院院长，对徐娣珍女士有所了解，她的创业经历感动着我，她的拼搏精神激励着我，她的奋斗事迹教育着我。此时此刻，我有几点感想跟各位朋友们分享。

第一，徐娣珍女士身上有着一股火热的干劲。她身上，有一种朝气蓬勃的感觉，有一种坚定不移的意志，有一种顽强奋斗的精神。浙商"四千精神"，在她身上展现得淋漓尽致。特别是我们的学生们，在接受知识教育的时候，尤其要学习徐娣珍女士身上这种追求事业、不断拼搏奋斗的火热的干劲、奋斗的精神。这股火焰般燃烧的干劲，正是她事业远航最为根本的力量支撑。

第二，徐娣珍女士身上有着一种火热的情怀。她对自己所追求的事业有着深厚的情怀。这种深厚的情怀使她满腔热忱地兴办教育，回报社会。她要打造"慈吉教育，百年品牌"，就是要用她40多年创业奋斗所积累的财富反哺社会。这也是浙商身上所具有的家国情怀。他们有正确的国家观、法治观、事业观、财富观，争做爱国敬业、守法经营、创业创新、回报社会的典范，倡导义利兼顾、以义为先的理念，践行富而有德、富而有爱、富而有责。这在徐娣珍女士身上得到了充分展现，她身上有着一种非常宝贵的品质和火热的情怀。

第三，徐娣珍女士有一个火热的梦。这个梦就是对教育事业的不懈追求。她是浙商中最重视教育的企业家，是教育家中从事企业的教育家。她把企业家的奋斗精神和教育家的奉献精神很好地结合起来。几十年来，她不懈地追求自己心中那个滚烫的教育梦，为国家教育事业特别是民办教育事业贡献力量。她把自己原来办企业所积累的财富大多投入了教育事业。这个火热的梦正一步步地实现，她的事业也一步步地走向新的远方。

我们无比感动地见证着，徐娣珍女士矢志不渝地坚守"为人谋发展，为国育英才"的理念，用自己火热的心去追求理想，去打造高远的梦想，她要把慈吉教育打造成百年名牌！今天，她又投资15亿元，在宁波前湾打造慈吉外国语学校和外国语幼儿园。这是她梦想进程中的一个新台阶！我们衷心祝愿慈吉教育集团迎来新发展，再谱新华章。

　　我们衷心希望慈吉教育集团在徐娣珍董事长的带领下，在慈溪这座历史文化名城，向着办学育人的百年梦想，乘风破浪，扬帆远航！

《圣奥集团企业志》序

在这之前，我曾相继为圣奥集团推出的《木匠浙商》《最美天使》作过序，加上这回已是第三次了。这是我非常乐意做的。因为，随着我和圣奥集团董事长倪良正先生、圣奥慈善基金会会长郑明治先生等人的接触增多，对圣奥集团也就越有了解，也越发觉得为圣奥集团这样的民企发展尽点微薄之力，是应尽的义务。2021年，是圣奥集团成立三十周年。圣奥集团以编志的方式对三十年的发展过程做一个系统记录，这样可以起到回顾总结历史、启迪鞭策来者的积极作用。显然，这对圣奥集团的未来发展，是一件很有意义的事。

我曾多次提到过，作为新时代浙商，应努力成为有"仁爱之心"的"仁爱浙商"，成为立功立业、立德立爱、立家立后、立言立文的"圣商"。圣奥集团董事长倪良正先生身上就较好地体现了这种"圣商"精神。在立功立业上，他办企业的功业是成功的；在立德立爱上，他建立了圣奥慈善基金会，是浙江有名的"仁爱浙商"；在立家立后上，他是幸福圆满的；在立言立文上，他办企业有理念有思路有章法，也有著述成果，此次修编圣奥集团企业志，也是立言立文的一个重要成果。

《圣奥集团企业志》全面记录了倪良正先生带领圣奥人实现从作坊式的加工场到对标工业4.0的智造基地的历史性跨越，一步步地走向成功的不凡历程。其间，虽然没有跌宕起伏的顿挫波折，但也不乏风雨兼程的难忘岁月；没有华丽的辞藻，只有太多朴实的情感和敢为人先的苦苦探索……《圣奥集团企业志》忠实记录了圣奥集团和倪良正先生的创业史、成长史和创新史。

圣奥集团起步于改革开放的春风里，兴业于新世纪的奋斗浪潮中。圣奥是改革开放的见证者和亲历者。从一个木工作坊发展成为国内办公家具行业的翘楚、佼佼者，今天圣奥集团彰显的不仅仅是改革开放的好政策，更有圣奥人勤劳、朴实、睿智和不懈奋斗的亮丽底色。圣奥三十年的发展，是千万浙商中的一个样板，也是中国改革开放交响乐中的一个强劲音符。细细品味，应该是别有一番滋味的。

在平实中稳步前行。圣奥集团从事的是传统家具行业。择一业、精一事、终一生，可谓倪良正先生的真实写照。在三十年的发展过程中，圣奥集团也曾有过多次跨界发展、多元化经营的机会，但圣奥集团坚守办公家具的主业从未动摇过。前些年，尽管涉足过房产，但也只是为了更好地辅助主业。倪良正先生多次谈起，他做家具是"上帝"的旨意，也是他人生的初心，从事家具事业成了他人生的使命和寄托。他曾打趣地说，除了家具行业，他这辈子其他行业都学不会、学不好了。从这风趣朴实的话语里，我们都能体会到他坚守初心的那份情怀。

三十年过去了，圣奥集团在倪良正先生的带领下，从当初家具行业的跟跑者、陪跑者，逐渐发展成为行业的领跑者。如今的圣奥集团，产品畅销115个国家和地区，服务了176家世界500强企业和301家中国500强企业。圣奥不仅是浙江家具行业的标杆，也是全国办公家具行业的标杆，并正在努力成为全球用户信赖的办公生态服务商。圣奥集团每一步都走得踏实稳健、强劲有力，走出了奋进前行的笃笃跫音。圣奥集团三十年致力于将办公家具做专、做精、做出特色，终于演绎出属于自己的独特精彩。

在创新中转型发展。当听到圣奥集团累计专利申请数达到1400余项时，我着实有些惊讶。这个数字，即便是在互联网或电子科技行业的企业中，也不是多见的。窥斑见豹，足以说明圣奥集团拥有过硬的创新能力。在不少人的观念中，家具行业是很难与先进科技搭边的。然而，圣奥集团却成为一家服务型的科技企业。这与它勇闯"无人区"和勇攀高峰的创新追求密不可分。在一次新品发布会上，倪良正先生对圣奥集团的研发团队提出明确要求，希望开发出一个家具"孙悟空"，以满足人们对美好办公生活的需求。时隔不久，倪良正先生与西湖大学学子面对面交流时，再次提出了"孙悟空"概念。孙悟空，神通广大，拥有七十二般变化，随心而变，遇景可变。当然，想拥有"孙悟空"这样的发明创造，绝非易事。这足以说明，倪良正先生心中对创新的期待。正是这种期待，圣奥集团从最初生产传统家具起步，不断在家具功能、材质和工艺等方面进行探索创新，开发出了无线充电家具、人机语音互动家具、能测心率和血压的家具、纳米材质家具……若古人穿越时空看到圣奥集团生产制造的种类繁多智能家具，不就有家具界"孙悟空"之感叹了吗？三十年上下求索，圣奥集团凭借"敢破敢立""敢闯敢试"的精神，不墨守成规，不走平常路，成为行业领头雁，正向着蓝天展翅高飞。

在感恩中善行天下。倪良正先生曾在多个场合说过，圣奥集团创业初期一无资金、二无人脉、三无人才，之所以能茁壮成长，是因为受益于党和国家的好政策、改革开放的好环境。因此，企业在国家和社会有需要时就要挺身而出，尽量去帮助需要帮助的人。质朴的语言，浸透着回馈社会的高尚情怀。倪良正是浙江浦江人，生性纯良，自幼受祖辈心善影响，耳濡目染，也渐渐地在心里种下了为人向善的美德种子。企业掌舵人有了慈心善行的品质，他的企业自然也就会表现出高度的社会责任感。从参加春风行动援助贫困家庭的学子，到汶川地震捐款300万元援建爱心学校，再到2011年捐赠2000万元作为原始基金成立圣奥慈善基金会……十年慈善之路，播撒阳光和雨露，捐资逾

1.8亿元，惠及20余万人。由圣奥慈善基金会捐赠建设的"圣奥老年之家"，目前正在向全省各地延伸，不久的将来，也许就成了浙江省有名的慈善品牌。在浙商群体中，圣奥集团规模并不太大，但是它行善的行动具有代表性。有人说，做慈善，关键在于"心"，捐钱多少是其次，最重要的是慈善家们是否怀着一颗普济天下、扶危助困的心。倪良正先生正是因为有了善心，才懂得饮水思源、富而思进、富而知报。义利兼顾，尊德乐义，达则兼济天下，正是社会文明进步所需要大力倡导的风尚。

漫漫征途，奋斗以成。三十年光阴，在漫漫的历史长河中只是短暂的一瞬，但圣奥人凭借拼搏奉献、百折不挠、自强不息的奋斗精神，用智慧和汗水演奏出了一首恢宏浩瀚、大气磅礴的华美乐章。三十年来，圣奥集团在经营管理、生产制造、科技创新、品牌营销、资本运营、项目建设、党的建设等各个领域，都迸发出无限生机与活力，可谓百花齐放，姹紫嫣红。圣奥人用骄人业绩铸就了一座座属于自己的丰碑，让岁月留芳，让人生添彩。历史不会忘记圣奥人三十载艰辛与跋涉，三十载探索与积淀，三十载希冀与荣耀。

成就值得庆贺，未来更须努力。我们今天看到的《圣奥集团企业志》，记录着圣奥人不忘初心、敢于担当，在不同历史阶段改革奋进、继往开来的创业兴业历程。一个个数字、一张张画面、一段段历史，不仅承载着往日的荣光和梦想，浓缩着昨日的心血与汗水，更昭示着明天的希冀和憧憬。修志旨在激励后人，启迪后世。希望圣奥员工以志为鉴，不忘初心使命，传承圣奥文化，翻篇归零再出发，向着新的万里长征砥砺奋进，再创圣奥新的发展奇迹。

让星星的孩子充满阳光和微笑

　　题记：2022年5月29日下午，钱塘文化艺术交流中心和杭州残联基金会共同举办了"我心向阳　让爱飞翔"公益主题活动。笔者应邀出席并致辞，具体内容如下。

　　一年一度的钱塘文化和慈善义行相结合的活动，今天终于到来了。因为疫情防控，举办这样的活动并不容易，现在防控形势有所好转，珞珈会长就抓住机遇，组织钱塘文化艺术交流中心和杭州市残疾人福利基金会共同举办"我心向阳　让爱飞翔"的公益主题活动，这不但很有意义，而且很有文化内涵，更重要的是，你们把"文化之心"和"慈善之心"融合在了一起。"两心"交融，必将产生令人鼓舞的社会作用和感奋人心的心灵力量。

　　这次活动又有了创新，专门请童亚辉先生来介绍中国书法艺术和中华传统文化。童亚辉先生事先做了精心准备，思路理念很开阔。由书法艺术论及整个中国传统文化以及当今时代文化主题，还涉及中西方文化比较等问题，为本次钱塘文化艺术交流中心的活动增添了一种新的展现方式。钱塘文化艺术交流中心以文化为主调，通过文化来展示我们当代企业家以及社会各界人士对社会现实的观察，是对时代发展的思索、对心灵世界的观照，也是对社会进步的一种积极贡献。

我们知道，社会在运行、发展和进步中，总会有缺憾之处。从哲学角度讲，任何现实事物都是有缺陷的，十全十美的事物是不存在的。存在的破缺、完美的破缺，才是客观真实的事物。艺术作品也一样，完美的艺术作品，也定会有遗憾之处。有破缺的完美才是真正的完美。我们人类和人类社会更是这样。不管人类社会如何进步和发展，都会有缺陷、有破缺。人类身体也同样如此，由于先天或后天各种因素，生理上和心理上会有这样那样的缺陷或疾病。我在省政协工作期间，曾经联系过慈善机构和残联工作，大致记得，各类残疾或残障人士在社会总人口中的占比是相当高的。严格意义上的残疾人约占总人口的6.5%，但从广义的残疾人、残障人，包括精神障碍、各种疾病的后遗症以及老年人疾患等角度讲，这个比例是相当之高的，要占社会总人口的10%以上。如果按发达国家的定义和标准讲，那这个占比就更高了。社会就是这样，有各种"破缺"，有特别需要关爱的人群。

今天，由钱塘文化艺术交流中心、杭州市残疾人福利基金会联合主办的"我心向阳 让爱飞翔"主题晚会，目的是让更多的人了解、关心自闭症儿童，他们是一群特殊的儿童。自闭症又称孤独症，是广泛性发育障碍的一种亚型，以男性为多见，起病于婴幼儿期，典型表现是：他们有正常的视力但从来不与你对视，有正常的语言能力但很少与人交流，有正常的听力但不与你回音，有自己的主体行为但与常人行为相左相违。他们大多缺乏基本的生存与社交能力，仿佛对外界关上了"心门"。很多人以为自闭症是冷漠，其实是因为他们往往对外界太过敏感。自闭症群体普遍存在与外界交流沟通的困难，自闭症儿童也被称为"星星的孩子"。他们如同天上的星星，一人一世界，独自发光。但"爱的太阳"可以使他们获得微笑成长的巨大能量，迸发出人生闪耀的星光。早期的关爱更可以使他们得到很好的矫正，帮助他们融入主流社会。

昨天晚上，我有幸接触到一位企业家，他的企业有非常大的板块是自闭症孩子教育，如今已经在浙江乃至全国布局招生，提出了对自闭症儿童全生命周期关怀的教育理念。也就是从父母身边小的时候开始，到成长就业，以及整个生命结束的全过程，都跟踪关怀、教育。凡是进入他们这个教育系统的自闭症孩子，就会得到终生跟踪、关爱、帮助。我听了以后非常感动，他们很有情怀，我们的企业家发展到一定阶段，从事文化教育、关爱社会，是值得赞美的。自闭症等人群特别需要关心和关爱。用我们的心灵阳光去关爱他们，用我们的慈善力量去帮助他们，这个世界将会有更多的爱，将会有更多的阳光。

这里，我还要告诉大家一个"真理"，就是自闭症患者常常可以成为某些领域的专业人才，甚至是"天才"。

围绕今天的活动主题，中午我写了一首小童诗，题目就叫《星星也笑了》，以此献给我们这些孩子们，也献给今天的活动，希望有更多的人来关心自闭症儿童。

下面，请钱塘文化少儿形象大使丁晨悦来朗读这首诗。丁晨悦小朋友各方面都很优秀，许多方面都得过奖。这样全面进步、阳光灿烂的小朋友，让我们看到了祖国的美好前景。大家以热烈的掌声，欢迎丁晨悦小朋友上台朗诵这首诗！

星星也笑了

有些小星星，

挂在黑黑的夜空，

他们很想发光，

月亮却是冷冷的，

于是，

他们伤心地掉下了泪。

后来，

有些温暖的手，

牵起他们的手，

并亲昵地告诉他们：

"孩子们，

我们一起去一个燃烧火焰的地方吧！

那里没有伤心的眼泪，

有的是快乐和微笑。"

太阳笑了，

星星也笑了。

（写于2022年5月29日中午）

谁赋予了世界的美？

题记：2021年5月23日下午，"感知的逻辑——来自四川美术学院的油画力量"主题画展在信雅达·三清上艺术中心隆重开幕。展览集结了15位老中青油画"川军"近80幅作品，以"语言的星丛""图像的再构""块茎的生长"三个板块，呈现了"川军"近年艺术创作的多元景观。笔者应邀出席开幕式并致辞，具体内容如下。

今天，我又一次走进信雅达·三清上艺术中心的殿堂，感知艺术世界、感受艺术盛宴、感悟艺术力量。为了参加此次活动，我提前看了一些展览资料。此次展览，你们把四川美术学院的一批艺术精品，从巴山蜀水的西南移师到东海之滨的江南，来到我们杭州这座城市，给我们带来了诗情画意、美的艺术。谢谢你们！

5月的江南，万物竞秀，烟雨朦胧，在美好的季节欣赏这些精品艺术，我由此想到：当我们仰望星空观宇宙之浩瀚时，当我们低头深思品世界之纷繁时，当我们审视当下察社会之万象时，"我"这个主体就是审美的主体。但仅仅是审美主体吗？也不完全是的。"我"是一个自在的主体，也是一个他在的主体；是一个单维的主体，更是一个多维的主体。由此，"世界·我·他者"是多维的主客体关系，同时，对象世界与主体的"我"也是多维多重的关系。一个多重而不单向度的主体，活生生的主体，是有丰富需求和多维能力的。感知美、审读美、创造美，只是其中之一。问题还在于，不与主体发生关系的客观世界有没有"美"？这涉及美的本体论问题。在我看来，任何审美的"美"都是主客体互动的结果。我们对世界的看法、对艺术的创作，包括我们所有的画作，都是对对象"自在美"的一种感知、一种认识、一种把握。但是，当你说客观世界的某个对象是"美"的时候，你一定已经把自己美的观念、美的价值、美的标准等"美的眼光"赋予了对象。还有，我们不仅仅是直观反映这个世界，作为能动主体总是有你的判断、你的价值、你的想法，你赋予了这个审美对象世界很多色彩、语言、视角和意义。无论是艺术家还是一个普通的人，都处在一种主体和客体之间的互动、对话之中，这种主客体间的关系是一个新的大世界。正因为如此，这个感知对象、审美对象，我们看到想到的世界，有喜悦、有欢乐，也可能有忧愁、有悲伤，还可能有其他许许多多的感知、认知，这就是主体的多样性和主客体关系的多重性。艺术家也好，普通人也罢，世界都是我们主体中的一幅画。普通人不是画家，但我们每个人都有艺术的基因。你们挖掘、提升了普通人的审美，并将之职业化、专业化了，所以你们成了画家，你们赋予这个世界更多的美，创造更美的世界。

正因为审美是与人相关的，而且审美样式并不局限于绘画，是多重丰富的，甚至可以是无具象的美。比如心灵美、思想美、事业美等，是一种内在的、抽象的美。由此我观察信雅达公司的发展历程是一种创造大美的事业。当年，信雅达郭总是杭州科技界早期创业的企业家，他在IT产业捷足先登，主要从事开发企业的会计、银行、金融等软件，在当时的杭州，信雅达是走在前列的科技型领跑企业。后来我调离杭州，到绍兴工作，多年不见，郭总的信雅达公司不但有了自己的大厦，而且又拓展了新的业务，既开发生态环保产业，又致力于发展文化艺术产业。这是我们过去没有想到的，而且文化艺术产业内容非常生动活泼，有特色、有档次、有高度，经常带给我们艺术的享受。从郭总的创业实践中，我联想到了今天的浙江企业家，广大浙商是怎么走过来的，是怎么转型发展的。刚才郭总讲，他要让生活更加美好，让灵魂更加愉悦，说明他已经进入了一个新的人生境界。概括起来，他前期是从事IT产业，后来又涉足文化艺术领域，今天，他已经触到灵魂深处，在灵魂高地去思考探索了。同志们，郭总的经历难道不是一幅改革开放以来浓墨重彩、新奇出彩的浙商创业图吗？难道不是一幅生动精彩、斑斓多彩的浙商精神画吗？概言之，郭总也是一位创造美的世界的艺术家！他的书法也很好。在我看来，郭总和千千万万企业家一样，是把美画在浙江大地上的艺术家，他们创造了一幅幅感天动地的时代画卷，这正是你们艺术家们需要感知、需要创作出来的一幅幅优美的画。这样说来，我是把真善美合一了，真善美的内在统一，才是最美的世界。

我们都赋予这个世界美的力量。我事先不太清楚三清上艺术中心为何叫"三清上"？后据了解，名字取自道家中的玉清、上清、太清，意指过去、现在和未来，又取三生万物以及携手艺术家、收藏家、艺术机构三界清白交流交易之意。望文生义一下，郭总是不是希望创作一幅"清明上河图"呢？我的意思是，郭总能不能创作出一幅新时代的信雅达发展的"清明上河图"呢？进而言之，我们新时代是要有新时代的"清明上河图"的。

杨总和郭总告诉我，四川美院是一所非常有特色的艺术院校，是艺术界特别是油画界的重镇，四川美院在当代中国艺术发展中具有非常重要的地位。你们今天与浙江艺术界、企业界精英合作，是非常有意义的。我刚从宁波赶过来，因为有一点时间，就从头到尾看了一遍这次展出的作品。这次策展人也很年轻，主题是"感知的逻辑"，试图用感知来概括本次参展作品的共同特点。这个"感知的逻辑"能否完整地概括四川美院丰富多彩的作品？我认为，恐怕是能部分概括而不能完全包括。的确，"感知的逻辑"是能成立的，因为艺术源于生活。你们的艺术创作通常是从感知开始的，我们人的认识也基本上是从感知开始的。不过，一旦进入创作过程，仅仅感知是不够的，每一幅作品都映射了你们内心的丰富世界，都展现了许多精彩的重构和创作。这些作品来源于感知，形成于感知，你们经过自己的创作、解读，用艺术的语言、艺术的形象再现，经过了审美主体的解构和重构过程，这已经远远超出了感知的范畴。而审美主体的解构和重构过程，就是审美主体——艺术家的个性、风格和价值之所在。你们参展的作品，不但有山水花草的题材，也有朦胧抽象的意象，有古代的素材，也有当代的动漫，有中国的元素，也有世界的风情，是很丰富多彩的。各种元素结合在一起，就是一种新的创造，就是艺术家对审美对象的解读、对时代的解读、对生活的解读。

在这里，我由衷地感谢此次参展的艺术家们，你们给杭州带来了具有川渝气派、个人风格特色的艺术作品，同时我也感受到，你们的作品已远远超出了川渝艺术的语境，因为任何艺术作品都是具有普遍性的生活意义和审美价值的。

甘为优秀传统文化薪火相传的孺子牛

题记：2021年5月16日，笔者应邀出席宋溪湖书院成立
仪式并致辞，具体内容如下。

5月的杭州，万物勃发，湖山映翠。今天，我们在美丽的西溪宾馆
汇聚一堂，共同见证浙江省传统文化促进会国学文化专委会授牌仪式
和宋溪湖书院的成立。在此，我们向浙江省传统文化促进会的薛年勤
会长表示衷心祝贺！祝贺你们在弘扬优秀传统文化征途中又有了新鲜
的血液。我们对郑小美女士担任浙江省传统文化促进会副会长，杨鹏
飞先生担任浙江省传统文化促进会国学文化专委会主任表示祝贺！对
宋溪湖书院的成立和企业家们的文化情怀致以热烈的祝贺和深深的
敬意！

在迎接中国共产党成立100周年的喜庆日子里，我们很欣喜地看
到，一批有情怀的80后、90后企业家参与创办了宋溪湖书院，加入弘
扬中华优秀传统文化的伟大事业中来。中华文明源远流长，中华文化
灿烂辉煌。缘何中华民族历经磨难却总能浴火重生、奔涌向前？关键
就在于有优秀传统文化基因的支撑。中华文明源远流长，自强不息、
厚德载物的思想，支撑着中华民族生生不息、薪火相传。

弘扬传统文化需要恒心笃行。我们的青年企业家们创办了以弘扬

传统文化为宗旨的书院，就需要以"愚公移山"的恒心、"滴水穿石"的韧劲，把书院踏踏实实地办下去。

下面，我简单谈几点想法。

一、办书院，忆过往启智慧

书院作为中国传统文化中独特的文化教育机构，起始于唐末，盛兴于宋，延续于元，普及于明、清。据不完全统计，历史上计有7500多所书院，其中有诸多的家族书院、乡村书院。这些书院在中国传统社会发展史上有着重要的历史地位和影响，对人才的培养、知识的传播、学术文化的传承、社会风俗的塑造等，都有着重要意义。

古代书院的产生与社会的文化教育需求是密不可分的。一方面，这是社会文明进步的客观需要；另一方面，也是封建社会家族发展的需要。在中国古代，一个家族的社会地位如何，很大程度上取决于其家族内士绅学子如何。为了提高社会地位、传承家族文化，官宦富贵家族向来重视并有更多条件去开展文化教育，条件好一些的家族还会建造藏书楼、开设学堂等，以培养子弟，从而形成了家族书院、书堂。家族书院通常被认为是中国最早的书院形态。

宋代书院的社会教育功能则更为凸显，尤其与科举制结合后，更是极大地提升了书院的社会影响。到了明、清之际，官私书院甚为普及。书院主要以四书五经等科举考试科目作为主要内容，要求学生掌握课艺，特别是八股文的写作，以满足士子求学科举的需要，同时也承担着向社会各阶层普及文化知识的启蒙教育功能，客观上为国家和社会培养人才，并传承了历史文化。

中国传统书院的内核价值和意义，主要是承担了儒家传统道德文化的传承责任。儒家文化及中国文化从古至今，一直在中华儿女的生存和发展中有着历久弥新的力量。当代书院是传承中华优秀传统文化的载体，同时也是传统文化与当代精神文化之间的桥梁，要为社会实践服务。因此，我们要积极推动优秀传统文化的传承及人文教育在现实生活中落地生根、开花结果。当然，学习借鉴人类文明成果也应是书院教学实践的题中之义。

回望历史上书院的兴衰发展过程，可以给我们许多启迪，传统学院的优良传统，也值得我们今天去传承光大。

二、办书院，顺时势扬优势

所谓"仓廪实而知礼节，衣食足而知荣辱"，从国家到民众皆如是。传统的家族书院、社学书院将人文、科举考试的知识与社会发展实践相结合，才得以兴起和繁荣。我国近代适应时代发展，引进、建立和发展起了延续至今的大中小学等近现代学校教育体系，这是一个伟大的历史进步。加上其他原因，传统书院才逐步退出了历史舞台。

最近一二十年来，当代书院逐渐重兴于中国大地。这是为什么呢？肯定有其客观的社会原因，值得我们思考。在百余年的近代教育实践中，以学校为代表的现代教育体系优势明显，社会进步意义重大。随着改革开放的全面推进和经济社会的全面进步，中华民族迎来了从站起来、富起来到强起来的伟大飞跃，实现中华民族伟大复兴进入了不可逆转的历史进程。无论是个人、企业、单位，还是国家，都进入了全面发展、全面进步和逐步推进共同富裕的新阶段。个人需要终生学习和教育，各个组织需要成为学习型组织，社会也要成为学习型社会。而学习和弘扬优秀传统文化，正是适应了时代的需要，也是中华民族实现伟大复兴的必然要求。

各类以传承和弘扬中华优秀传统文化为宗旨的书院，就是在这样的时代背景下产生的。这些书院在加强优秀传统人文教育、注重青少年及社会全体公民的品德培养和身心修养等方面，都能够与现代学校教育有机融合、相得益彰。当然，书院学习或教育内容上，除了普及知识外，应更侧重于国民思想道德素质的养成教育。

传承中华优秀传统文化是宋溪湖书院诞生的缘由，也是其未来能否健康成长的关键。我们认为，宋溪湖书院要紧紧围绕传承中华优秀传统文化这个主题来谋篇布局，同时，还要在这个主题下积极探索并形成更具体、更务实、更有特点的路子和品牌。不要追求面面俱到，笼而统之，大而化之，而要根据自己的优势和特点，突出重点，找准着力点，逐步形成自己的特色。

我们要明白这样一个道理，那就是：有优势才有特色，有特色才有优势。有优势有特色了，才会有生命，才能生存和发展下去。

三、办书院，践初心行久远

初心易立，始终难守。文化是以文化人的过程，是崇高而又艰辛的事业。任何事物的发展进程都有其自身的客观规律，以文化人是潜移默化的过程，需要时间沉淀。我们要志存高远又要脚踏实地，要用持续前行的大情怀和初心使命去支撑事业的发展。

办书院可以说是一件很有意义又很艰难的事。希望宋溪湖书院一开始便要有这个思想准备，持之以恒地践行初心使命，持续不断地传播正能量，追求向上向善的价值导向，久久为功。

办宋溪湖书院是一项文化事业，体现了新一代企业家们的历史担当和高远情怀。做人办企业都需要有思想高度和文化情怀。我们期待宋溪湖书院办成一个有文化灵魂的书院，以文化的精神来办文化，用公益奉献的精神来办书院，进而以文化引领更多的企业，向着高素质、高品质的方向去努力。

征途漫漫，唯有坚持。衷心希望宋溪湖书院走出一条有自己特色的文化发展路子，在磨砺中启迪智慧，在奋斗中茁壮成长，甘为新时代中华优秀传统文化薪火相传的孺子牛，不负时代，不负人生，一步步把书院打造成文化领域的一块金字招牌，带动更多的企业家学习、弘扬中华优秀传统文化，为实现中华民族的伟大复兴贡献力量。

第五篇　百年大变局下的浙商

当今世界正处于百年未有之大变局之中，尤其中美两个大国更处于历史性的战略博弈时期，世界未来发展的不确定性大大增加。大变局时代，也可以说是不确定性时代。浙商的生存和发展早已同全球形势息息相关，企业家们也十分关注当前局势。但在这个充满不确定性的时代，有一点是可以确定的：时间更有利于中国，"美国是存量，中国是增量"。

当今世界步入大变局时代

题记：2020年12月5日，由中国侨联、浙江省人民政府主办，浙江省侨联、杭州市人民政府、嘉兴市人民政府、湖州市人民政府承办的"侨连五洲·情满西湖"活动在杭州开幕。本次活动以"弘扬抗疫精神，汇聚侨界力量；深化合作发展，共创美好未来"为主题，共商侨社、侨商、侨青发展，凝聚侨心侨力，搭建合作共赢平台，助力高质量发展，加快构建新发展格局，为同圆共享中国梦和构建人类命运共同体贡献侨界力量。来自全球五大洲60多个国家和地区的近300名海外侨胞出席了此次活动。笔者受邀出席并以"世界大变局与中国新格局"为题发表演讲，具体内容如下。

非常高兴有机会来到这里，就当前关切的一两个问题与大家进行交流。今天，现场高朋满座，同志们都知道，江南最忆是杭州，杭州最忆是西湖。此次活动主题也非常好："侨连五洲·情满西湖"。

下面，我将围绕"世界大变局与中国新格局"给大家做个交流和分享，主要是围绕不久前刚刚召开的五中全会的有关精神来谈点体会。以习近平同志为核心的党中央对国内国际发展走势作出了一个总体判断：当前和今后一个时期，我国发展仍然处于重要战略机遇期，但机遇和挑战都有新的发展变化。当今世界正经历百年未有之大变局，新一轮科技革命和产业变革深入发展，国际力量对比深刻调整，和平与发展仍然是时代主题，人类命运共同体理念深入人心，同时国际环境日趋复杂，不稳定性、不确定性明显增加，新冠肺炎疫情影响广泛深远，经济全球化遭遇逆流，世界进入动荡变革期，单边主义、保护主义、霸权主义对世界和平与发展构成威胁。我想告诉大家的是：不要对国际局势的不稳定性和不确定性有消极的、过分的担心，因为人类的发展正是在不确定性中来确定的，在确定性中来寻找不确定性，即可能性的。人类行为本身也是在选择确定性与不确定性的过程中来进行判断、决策和行动的。事实上，不确定性意味着变化、意味着机遇。总体说来，在当前和未来一段时期，中国将有更多的向好的确定性，而世界则将会有更多的动荡的不确定性。

一、大变局时代：极具不确定性的动荡变革时代

大变局时代，就是具有极大不确定性的时代。变化越大，不确定性也越大。从研究角度来讲，大变局的不确定性时代，通常是失序、动荡、纷争的时代，同时也是世界资源重组、发展重塑的时代。这可能是一个危机四伏的时代，同时也是一个机遇云涌的时代。这对于想有大作为的企业家来说，就是机遇最多最好的时代！大变局就是大机遇，但化危为机需要实力，更需要智慧。大变局时代虽是多事之秋时代，但只要运筹得当、把握得好，科学认识变局，主动引领变局，就能化危机为机遇，在变局中布新局、开好局。对百年未有之大变局，学术界有着不同的认识。怎么理解"百年"？直观上的理解，就是第一次世界大战以来的百年，我所理解的"百年"首先就是指这个百年。学界有不少人认为，应该有更宽的历史思维、历史视角，这个"百年"实际上是指几百年。为什么是几百年？后面我们会有所介绍。我先按

前一种理解来讲。我们今天面对的大变局的历史跨度，已是一百年左右了，那么，未来还有多少年？这是很难断定的。所以，"百年"又是不限于"一百年"的。从时代性质和内容来讲，今天这个大变局时代是否已经发生了质变呢？很难确切地说是。目前，恐怕还不能断定今天的世界格局或者时代特性已经发生了根本的变化。只是，今天的世界格局确实与几十年前的世界格局不同了，已经在很多方面发生或正在发生质变，而且未来的变局将会发生得更快速、更深刻、更广泛，大变局正在向纵深加快演变，尤其是2020年的新冠疫情，更是极大地加快了世界大变局的进程。

为什么世界总处于变与不变之中呢？

第一，一切事物发展的基本特点：遵循确定性与不确定性。像类似有与无、存在与虚无、此在与彼在、恒常与无常、变与不变、静与动都属于这类范畴。确定性与不确定性和运动与静止、变化与不变等范畴含义有共同性，都具有反映事物发展变化的普遍特性。

第二，人类一切行为的基本逻辑：把握确定性与不确定性。人们面对的环境和未来都是恒常和无常的，人们的行为都是依据对未来行为可能后果的预见而作出的选择。这个选择过程就是某种确定性的过程。我们经营企业和一切投资行为都是对某种不确定性可能的确定性选择。事物有不确定性才有变化、才有选择、才有能动性、才有未来、才有奇迹。如果只有确定性或者只有不确定性，人类选择的意义就丧失了，人的活动也就不存在了。用已知的确定性去推测不确定性并将其转化为确定性，用不确定性设定、创造新的确定性。

第三，大变局时代就是极具不确定性的动荡和机遇时代。大变局时代，就是不确定性时代。变化越大，不确定性也越大。只有动摇、打破、放弃原有的一些确定性，才能有不确定性、有变局。大变局就是大机遇，科学识变，沉着应变，主动求变，危机中育新机，变局中开新局。化危局开新局，需要实力，更需要智慧。最大的难点和智慧，就在于如何把握和运筹确定性和不确定性。

那么，引发世界大变局的原因或者说主要动力是什么呢？

二、引发大变局时代的主导力量

从确定性与不确定性原理来分析，所谓世界大变局时代就是世界面临重大变化的时代，也可以说是将可能发生格局变化的时代。这个时代是具有极高不确定性的，它确定的是旧有局面的改变，而新的格局如何基本上是不确定的。

那么，决定世界格局和引发世界大变局的主要因素有哪些？

决定世界格局和引发世界大变局的主要力量，大概有以下几个方面。

第一，自然力量（自然力）。它包括：一个国家的国土面积（自然资源禀赋）、人口规模（劳动力、消费力）和历史纵深（历史财富可看作既定资源，故列入自然化力量）。虽然这些不是绝对的、决定性的力量，但一个国家要成为世界大国和强国，没有自然的禀赋力量，是很难持久的。世界全球化水平越高，这类自然力量作用通常越重要。

第二，硬性力量（硬实力）。也就是在现实当中起主导作用的方面，它包括：一个国家的经济实力、军事实力和科技实力。说白了，这是一个国家综合竞争力最关键的部分。

第三，软性力量（软实力）。它包括：一个国家的文化影响力（包括价值观、话语传播）、制度影响力和领导统合力（政治领袖对国内国际力量的统筹谋划、综合运用的智慧和能力）。这类文化软实力的作用也是广泛持久的力量。

根据IFS基于市场汇率计算的各国GDP增长模型，我们看到，改革开放特别是加入WTO以后，中国的GDP增长开始提速。1999年，美国GDP约占全世界的29%，中国约占3%，而2019年，美国约占

24%，中国约占 16%。2007 年，美国是 130 个国家的最大贸易伙伴，中国是 70 多个国家的最大贸易伙伴，而 2017 年，中国是 135 个国家的最大贸易伙伴，美国是 70 多个国家的最大贸易伙伴。对中国而言，的确发生了翻天覆地的变化。现在的中国，已成为全球第二大经济体、全球第二大消费国、全球第二大利用外资国，是全球第一大制造国、全球第一大贸易国、全球第一外汇储备国。

根据预测，到 2030 年，中国的 GDP 总量将超过美国，受新冠疫情影响，还可能提前两年。当然，大家也要认识到，这是 GDP 总量，而不是人均 GDP。人均 GDP 我们在全球才排 70 位左右，离发达国家还有相当大的差距。但是，我们正朝气蓬勃地走在社会主义现代化建设的大道上，先建设现代化国家，再建设现代化强国。

三、大变局主要变了什么

那么，当今世界到底发生了哪些重大变化呢？

第一，网络技术、数字技术等智慧化催生的科技大变革。智能化就是建立在现代通信技术基础上的、以 5G 为先导的信息化技术在世界范围内的突飞猛进，带来的不仅是科技的变革，还带来产业的变革和社会生活各个方面的变革。人类四次生产方式的重大变革，即原始生存状态的渔猎采集活动、农业生产活动、工业生产方式和信息化，都是历史性变革。过去是学好数理化，走遍天下都不怕；今天是掌握信息化、智能化，你走到世界各地才能开鲜花。人类工业化经历了四次革命性变革，即机械化、电气化、信息化、智能化。今天的智能化，我认为是引发变局的最广泛的一种力量。智能化是各方面发展的最强劲的动力。数字赋能将是我们最根本的选择。企业家们一定要拥抱数字化，用数字化、智能化来改造你的企业、改造你的产品、改造你的思维。

第二，全球化进程中的反全球化、逆全球化现象。从研究角度来讲，人类是从"大航海"时代（15—17世纪）开启全球化进程的，正是从那个时候开始，人类的各种生产要素以及各类要素资源在全球层面得到了广泛流动、有效配置，从而带来了生产规模、能力、效率、效益的大幅度提升，全球财富得到广泛有效的增长。当然，第二次世界大战以前的全球化是血与火的全球化，伴随着军事的侵略和殖民化，是痛苦的全球化。第二次世界大战以后，我们有了全球化规则，相对来讲是比较成熟、文明的全球化。问题是：经济要素全球化必然会伴随制度规则、思想文化、军事、外交等内容的"次全球化现象"，也就是经济全球化伴生的各个领域的全球化现象，由此必然会带来更多的纠纷和矛盾。世界的复杂性就在于，单纯的经济全球化是难以完全实现的，又出于种种原因，全球化并非是各国同时受益的。于是，全球化与反全球化现象总是相伴相生的。这几年来，世界上出现了比较明显的单边主义、贸易保护主义、狭隘的民族主义、强权政治等现象，尤其出现了"美国优先"等极端思潮。这些暗流、逆流形成了一种反全球化的严重现象。当然，人类历史总是要进步发展的，全球化必定是要向前推进的，只是在当前及今后一个时期，暗流会比较汹涌，波涛会比较大，我们要有心理准备，要清醒地认识到，全球化与反全球化总是在较量中演进的。

第三，"东升西降"趋势。这是我们讲的大变局最为重要的内容和特征，也是大变局的实质之变。说"国际力量对比深刻调整"，主要指"东升西降"及其趋势。我们知道，人类自工业化、"大航海"时代以来，世界中心就一直在西方。但今天，世界经济重心及全球影响力中心正开始向东方的亚太地区转移。"东升西降"的主要变化有三。一是"非西方化"国家力量在上升。1980年，西方国家提供的工业制造品占90%，非西方国家占10%；到2010年，西方国家提供的工业制造品占60%，非西方国家占40%。根据预测，到2050年，西方国家提供的工业制造品将占40%，非西方国家将占60%。二是新兴国家、发展中国家发展实力上升。目前，发展中国家的经济按国内生产总值计算已占全球近50%，按购买力平价计算，已经超过发达国家。根据预测，到21世纪中叶，发展中国家经济总量将占世界的65%以上。三是中国实力快速增长。2018年，中国占全世界经济总量比重达到了15.2%，每年对世界经济增长的贡献率高达30%。"东升西降"正越来越明显地成为一个不可遏制的大趋势。近期，15国签署的亚太地区新贸易协定，更加巩固和强化了世界经济轴心的东移趋向。

第四，美国"一超"主导世界的时代正渐趋褪色。在古代，只存在地区性强国，人类"世界"尚未连为一体。由1648年《威斯特伐利亚和约》开始的世界性规则体系，到拿破仑战争后出现的维也纳体系，再到第一次世界大战后形成的凡尔赛体系，直至第二次世界大战结束后形成的雅尔塔体系，联合国、现代国际金融体系（布雷顿森林体系、牙买加货币体系）、世界银行、世界贸易组织等规则，大致维持了半个多世纪的国际多边秩序。近20年来，国际力量格局发生了重大变化。美国受"9·11"事件、2008年金融危机等影响，实力有所下降，但仍幻想凭借其超强的军事实力和领先的经济实力、科技实力以及文化软实力，构建一个美国主导的单极化世界。这与世界发展大势相悖，自然难以如愿。特朗普的"美国优先""让美国再次伟大"也成了历史笑柄。中国和平崛起的强劲势头不可阻挡，国际组织（G20、金砖五国等）、世界区域性组织（上合组织、东盟等）大量涌现，都成为塑造国际关系的重大的多边力量。总之，世界力量对比出现的"东升西降"正越来越明显，是谁也阻挡不了的发展趋势。

第五，全球治理体系进入弱化和变革期。当今的世界格局和治理体系正处于弱化和需要变革阶段。第二次世界大战形成的这个世界治理体系越来越多地暴露出这样那样的问题，近年又频遭某些大国的抨击和"退群"，日显乏力，形成了全球治理"赤字"。世界治理当然需要一定的治理规则，需要一定的组织体系，也需要有相应的秩序，但现存世界治理体系的变革也是必然要推进的。不过，在相当长时期内，世界治理体系处于应变而难变之境，纷争会此起彼伏，人类也许会又一次步入多事之秋。

第六，正在强化的人类文明范式多样化趋向。人类文明发展从来都是多元的，但美国等一些西方国家一直想用西方价值、西方制度、西方文明范式统一世界。从人类文明发展的大历史观来看，在5—15世纪这1000年中，中国曾有过隋唐时期的几百年辉煌，这在当时世界上是独一无二的。大约从15世纪开始，以西方文艺复兴运动及工业化崛起为主要标志，人类文明的轴心开始进入了以西方为主的时代。但人类社会的区域化文明范式一直是多样存在的。这主要是由自然地理环境、历史文化传统、民族宗教感情、语言文字民俗、社会制度差异等因素决定的。美国前众议院议长金里奇曾说："中美之间不是一场国家间的较量，是一场有关文明的较量。"这可以看出，中美两国力量对比也是两种不同文明观的较量。而美国学者亨廷顿早在1992年就提出了"文明的冲突与世界秩序的重建"，并随后出版了同名书籍。美国国务院政策规划办公室在2020年11月17日出台了一份长达70多页的研究报告，提出了美国应对中国挑战需要完成的十项任务。这是否可以说，一种文明在复兴，另一种文明感受到了很大的挑战？这是极为深层次的问题，也可以说，这涉及人类发展的本体论大问题。当然，要想让美国政客们认识到中国道路、中国制度、中国文化、中国价值、中国方案对世界文明发展的贡献，那是很难的。

如果从人类文明轴心和文明观来讨论，"百年未有之大变局"，就涉及三五百年的时间跨度了。西方国家占主导地位的世界格局不可能短时期改变，但发展中国家的崛起，代表了另一种现代化道路，自然代表着新的价值、文化和文明方式，文化多元化时代是必然的趋势。从根本意义上讲，中美冲突是不同价值观和文明观的冲突，这也意味着人类价值观、文明观需要新的弥合和重构。当美国人提出文明冲突时，也给我们提供了全新的机遇。我们正好把"人类命运共同体"文明观，打造成新中国给世界提供的文化财富。

第七，中美力量对比及两国进入艰难博弈时期。"小成功靠朋友，大成功靠对手。"我们需要合作共赢，但也没有必要害怕对手。我们本身就是在和对手的竞争中崛起和发展的。中美博弈难以完全避免。究其根本，从国际地缘政治和历史发展来看，那就是新兴大国的崛起引发了现存强国的不满。我们相信"修昔底德陷阱"是可以避免的。那么，究竟是什么刺激了美国？美国很清楚中国的发展数据，是中国的快速发展招惹了美国，是华为的5G技术的领先刺激了美国。多年来，中国是美国的第一大贸易伙伴，每年6000多亿美元的贸易额。中国持有1.19万亿美元美国国债，是美国最大的债主。这些，美国都清清楚楚，美国感受到了来自东方大国和另一种文明的挑战。

这里，我想表达的观点还有：中国力量和美国力量之间的"一升一降"，将给世界带来广泛而深远的影响，我们要把握好机遇。美国现在有两个大局：如何弥合国内分裂，如何重返国际舞台。中国现在也有两个大局：如何实现中华民族伟大复兴，促进现代化蓬勃发展；如何在世界大变局中开新局，努力推进人类命运共同体建设。中美关系进入了一个相对艰难的战略博弈期，这是大变局的聚焦点、中心点、风暴点，也是风景点。至于拜登的对华政策，有分析认为，可能由前几年特朗普时代的"热冷战"向"冷和平"（介于软弱绥靖与强硬好斗之间，斗而不破，实际上是一种"冷冷战"）转变。现在，我们可以说：别了，特朗普，但特朗普主义不会轻易散去；来了，拜登，但拜登也许比特朗普更为老辣。不管怎么说，可以肯定的是，拜登上台后，中美博弈又将进入一个新的阶段。

朋友们，世界大变局才刚刚开始，旧局尚未发生根本动摇，新局尚未形成，中美成了这场大变局中的重要变量，站在大历史观来看，时间和历史主动性总体上在中国这边，我们要增强战略定力和自信。让我们携手共创新时代的现代化伟业，这是中华民族伟大复兴的根本，也是中国为世界多作贡献的根本。我们没有退路，唯有前行，前行，再前行。

朋友们，让我们一起奋斗吧！

大变局主要变了什么?

题记:2020年11月1日,笔者受邀出席第五届杭州全球企业家论坛暨中国互联网直播峰会并致辞,具体内容如下。

正值深秋季节,天高气爽,惠风和畅。今天,我们在这里举行2020第五届杭州全球企业家论坛暨中国互联网直播峰会。对于2020年而言,举办这样的活动是相当不容易的。据我所知,会议的主办方为准备这次论坛做了长期的精心组织、筹划和安排。首先,请允许我对论坛的召开表示热烈的祝贺!

杭州全球企业家论坛已经举办了五届。作为民办的组织机构举行如此大规模的论坛,目的是促成企业家和企业家之间的交流合作,推动资本和技术之间的对接,为浙江的企业家和全国各地的企业家、中国企业家和世界各国企业家之间的交流合作提供平台。它确实是一个非常有意义的平台,因为这个平台不仅仅是"论坛",它的背后还有大量项目的对接,还有各种各样形式的交流。今年的论坛,不但要举行有关国际贸易风险问题的专题讨论,还将举行有关数字赋能等数十个方面的专题活动,应该说内容丰富多彩。在我们面临新形势的挑战下,这样的交流、这样的平台将会给我们鼓劲,将会给我们提供一些新的思想、新的理念和新的合作可能。为此,我们对会议论坛的组织方及其所付出的劳动，表示深深的敬意。

今天的论坛是在党的十九届五中全会胜利闭幕之后不久召开的，大家都对全会精神有了一定了解。2020年是我国"十三五"胜利收官之年，"十四五"即将开局。现在，正是我们党、我们国家"两个一百年"奋斗目标的历史交汇期。2021年，我们将顺利完成全面建成小康社会的历史性任务，开启全面建设社会主义现代化国家的新征程。"十四五"的规划建议，提出了未来五年特别是到2035年的远景目标。这里有许多重要的新思想、新观点、新思路、新举措，未来的发展将会有更广阔的空间，中国的发展将取得更大更辉煌的成绩。

在2019年的这个论坛上，我重点跟大家交流了我研究华为发展、华为精神的一些成果见解，提出企业家和社会各界都要学习华为的那种奋斗精神。今天，我想围绕大会主题，也就是"大变局 大机遇 大发展"这个主题，简单谈一点个人认识。

大家知道，当今的世界正处在一个大变革的时代。那么，这个时代大变局到底意味着哪些方面有重大的变化？

第一个大变局，那就是网络技术、数字技术等智慧化催生的科技大变革。我个人认为，从我们企业家角度来讲，尤其要关注的首要大变局，就是这十年来，信息技术、网络技术、数字技术撬动了新一轮的科技革命，新的科技革命带来的产业变革正在兴起。这是我们这个时代势不可挡的，日趋广泛深刻的，将极大改变人类产业结构、经济结构和人类生活的科技动力，这是一个浩浩荡荡的关系时代大变局的科技潮流。

第二个大变局，那就是我们人类在推进全球化过程当中遇到的那些反全球化、逆全球化现象。这里包括两个方面，就是今天的时代和未来的时代，全球化仍然是发展的必然趋势，这个谁也阻挡不了。但与此同时，这几年来也出现了民族主义、民粹主义、单边主义、保护主义，反全球化现象时有发生。因此，今天的时代和未来全球化的内容、全球化的形势、全球化的特点都会有所不同。尽管在实物贸易方面的全球化遇到了困难，但在美国如此打压中国和全球疫情如此严重的情况下，中国和美国之间今年前三个季度的贸易总额仍然增长了16%。所以，虽然美国想脱钩，即便某些方面可以脱钩，但不可能完全脱钩。当然，现在全球化更重要的趋势，那就是和网络联系在一起的全球化，即科技的全球化，这是新一轮全球化的重要内容、重要特点、重要趋势。

第三个大变局，那就是"东升西降"趋势。这些年来，后发展国家、新兴国家的力量在大踏步地前进，相对而言，先发达国家的实力占比在下降，所以出现了"后发升、先发降"。与此相联系的另一种表达，那就是"东升西降"，世界力量东移，西方实力比重相对降落。随着以中国为代表的东方世界发展实力不断提升、中国的发展对世界的贡献越来越大，东方世界的力量不断增强，出现了"东升"现象。与之相对，这一二十年来，西方世界的发展有所徘徊，经济等方面的发展有所下降。所以，在实力对比方面，世界出现"东升西降"的现象，并越来越明显地成为一个不可遏制的大趋势。毫无疑问，说"东升西降"是大势所趋，只是就一个发展过程讲的，实际上"西强东弱"还将维持很长一段时间。我们对此要保持清醒认识，不可以未来断定现在，也不可以人家的衰败来衡量自身的成就，重要的是自己发展和强大起来。

第四个大变局，那就是全球治理体系进入软化和变革期。对世界大变局，大家还要把握的一个重要方面，就是当今的世界格局和治理体系是第二次世界大战以来所形成的，目前正处于弱化阶段。联合国也好，世贸组织也好，世界银行也好，以及世界金融体系也好，这个治理体系及其规则尽管还没有瓦解，但的确有些弱化、软化，甚至在某些方面的根基开始有所松动了。这个体系有着不少毛病，近年又频遭某些大国抨击和"退群"，有效治理日渐乏力。世界治理当然需要治理规则，需要组织体系，需要有相应秩序，但是，现存世界治理体系的变革也是必然的，并且日益迫切。随着新冠疫情的蔓延，进一步加快了世界治理体系变革的步伐。但在相当长的时期里，恐处于应变而难变之境，纷争会此起彼伏、频繁发生，当属多事之秋。

第五个大变局，那就是中美力量对比及两个大国关系进入艰难博弈时期。从根本上说，世界大变局主要取决于世界上各主要大国力量的重大变化。当今世界的大变局，说一千道一万，最大的积极变革来自中国改革开放40多年所积累起来的磅礴力量。中国的和平崛起、中国国际地位的上升，带来了世界发展的新动力，催生了近一二十年世界的新变局。所以，对中国来说，当今面临着两个大局，第一个大局就是中华民族伟大复兴、中国式现代化蓬勃发展的大局，还有一个就是世界的新变局，这个变局的核心，最主要的是中国力量和美国力量之间的"一升""一降"带来的新变数。现在变局的聚焦点，就是中美关系进入了一个相对困难的战略博弈期。在这个阶段，变数很多。

第六个大变局，那就是美国"一超"主导世界的时代正在成为过去，世界其他一些大国正在兴起。虽然目前美国仍是一个超级强国，仍处于世界领导地位，但它的实力、地位、形象、领导力已削弱，而其他大国的实力、影响力在迅速上升，中国和平崛起的强劲势头不可阻挡。因此，现在的世界虽然是"一超多强"的格局，但世界走向多极化的步伐不断加快。这是大变局的又一个基本走势。

同志们，这个世界的变局所带来的影响，有积极的，也有消极的，但主流是积极的。我们要客观识变、科学应变，积极引导符合时代发展潮流的变化。

我们更要看到，对当今世界变局起重大影响的是中国的和平崛起，是中国实力的较快上升。美国等发达国家是世界变局的存量，而中国等新兴发展中国家的发展是世界变局的增量。所以，大家要记牢，主动性、时间、机遇站在我们中国这边，我们要增强战略定力，沉着应变，主动求变，在变局中开新局。

最后，我还想告诉大家的一个重要想法，就是今年、明年、未来几年，是中国企业发展机遇很多很好的"窗口期"，务必增强信心，抢抓由于世界大变局和人类防控新冠疫情带来的千载难逢的机遇。国内国际双循环，国内市场容量很大，国际市场在很大程度上空间也很大。希望企业家们加快发展，一方面立足于国内市场，另一方面继续大胆地"走出去"，国际市场上的机会相当多，总体对我们非常有利。

我衷心希望论坛活动取得圆满成功。

企业家如何应对外部世界的不确定性和风险？

题记：2020年11月27日，浙江省职业经理人峰会暨浙江省第九届杰出、优秀职业经理人颁奖庆典在杭州举行。笔者应邀出席并以"以自己高水平的确定性去应对外部世界的不确定性"为主题发表演讲，具体内容如下。

很荣幸能有机会就有关问题跟大家作一个交流。谢谢你们的邀请。

首先，我们先来学习一下《中共中央关于制定国民经济和社会发展第十四个五年规划和二〇三五年远景目标的建议》中的一段很重要的论述：

当前和今后一个时期，我国发展仍然处于重要战略机遇期，但机遇和挑战都有新的发展变化。当今世界正经历百年未有之大变局，新一轮科技革命和产业变革深入发展，国际力量对比深刻调整，和平与发展仍然是时代主题，人类命运共同体理念深入人心，同时国际环境日趋复杂，不稳定性不确定性明显增加，新冠肺炎疫情影响广泛深远，经济全球化遭遇逆流，世界进入动荡变革期，单边主义、保护主义、霸权主义对世界和平与发展构成威胁。

的确，当前世界正处于百年未有之大变局，中国的发展也进入新阶段，正在构建发展的新格局。世界发展出现了更多的不确定性，一切都在快速、多变的状态中。那么，我们如何正确认识和应对不确定性及其可能的风险呢？下面，我谈谈如何高水平地应对世界的不确定性问题。

一、为什么要讲应对不确定性之道

我原本想就当今世界大变局到底是一个什么样的变局作交流。这个题目很重要。因为无论从宏观层面思考今天的中国发展，还是从微观层面探求企业发展，都必须具备国际视野。大到中国的发展，小到一个企业的发展，都要受到国际环境的影响。但在准备讲稿的过程中，我收到了沈秘书长发来的介绍你们职业经理人以及省职业经理人协会情况的材料，从中我进一步了解了你们的情况。今天在座的同志们，应该都是企业界的行家。由此我认为今天的发言角度应具体一些为好，最后就定为从职业企业家的角度讲世界大变局。主要想谈一谈，在今天这个世界大变局如此之"大"、如此之"快"的情况下，我们应该怎么去应对，应对之道是什么？当然，我主要从企业家和职业经理人的角度，给大家谈一下这个问题的世界观、方法论方面的思考，也就是一个哲学问题。

二、职业经理人是一支大队伍

刚才，我们听了文海英会长的精彩致辞，她给我们介绍了中国职业经理人协会的工作情况。赵继宏会长介绍了浙江省职业经理人协会的工作情况。借此机会，我想向中国职业经理人协会和浙江省职业经理人协会为中国经济发展、浙江经济发展以及职业经理人队伍建设所作出的贡献，表示深深的敬意！

从广义上理解，职业经理人实际上就是企业家，或者说企业家队伍当中职业化的企业家。我想，应该是这样理解职业经理人的。改革开放以来，我们浙商乘着改革开放的春风，迎着阳光雨露，在浙江大地上形成了一支规模巨大、能量巨大的队伍。

目前，我国有1.2亿户市场主体，其中有3000多万家中小企业、8000多万户个体工商户。浙商的规模到底有多少呢？到今年8月底，浙江省的市场主体有781.83万户，其中，个体工商户504万户，注册企业271万户左右。在我看来，很多企业不仅仅只有一个董事长、一个总经理，或者说，每个企业的职业经理人不一定只有一个，有可能是一个小群体。粗略算起来，规模大一点的企业有3—5个高层管理者也是正常的。以此算来，考虑到浙江省市场主体中有一定数量的规模企业，浙江省近800万户的市场主体，大概包括了近1000万人左右的浙商。因而我们可以号称浙商队伍为"千军万马"。浙商队伍有着1000万人的规模，意味着在我们浙江，差不多平均五六个人里面，就有一个是经商的。

会前，我听你们会长说，当前浙江职业经理人协会的队伍规模已有几十万人，未来要打造100万人规模的职业经理人队伍。这样一支100万人规模的职业经理人队伍，相当于一个超大规模的"集团军"。赵会长作为会长，可以说是百万大军的"老板"了。按照我们部队的概念，一个军大概有1万多人，而赵会长带领的队伍规模相当于100个军了。这支队伍是浙江最为宝贵的财富。浙江经济发展怎么样？浙江今后的发展如何？同在座的各位，也就是浙江广大职业经理人队伍息息相关，与你们的素养情怀、你们的作为奉献紧紧联系在一起。中国想要发展市场经济，想要实现现代化经济强国，企业经营不好，企业家队伍不大，职业经理人队伍规模不拓展、素质不提高，可能吗？要发展市场经济，企业是主体，而企业家是主体的领头羊。所以，我衷心地祝愿我们浙江的职业经理人队伍做得越大越好。你们做得越大，证明浙江的企业家队伍越大；浙江的企业家队伍越大，证明浙江的发展更好。

下面，我们还是回到正题上来，也就是怎样应对这个世界大变局的不确定性。

三、为什么这是一切事物生存发展的基本法则

中央非常明确，现在和今后一段时期，中国仍然处在一个战略机遇期。但是机遇和挑战的形式有所不同。当今世界正处在一个百年未有之大变局的状态，而且是一个加快演变的时期。在未来，世界的不稳定性和不确定性将进一步增强。在这样的背景下，我希望大家能够考虑一个问题，也是接下来我将要给大家讲的内容：世界在急剧变化，我们怎样以自身更好的素质来应对外部世界的变化？

我先讲讲其中的道理。宇宙间所有事物的发展都有一个基本特征，就是具有确定性和不确定性。什么意思呢？事物在发展过程当中一方面有稳定性、连续性，也就是有确定性，另一方面又是不确定的。举例说明，明天的太阳会升起，明天的天不会塌下来，地球不会消失……这些判断都有相对确定的一面，但是又有不确定的：明天太阳升起，但是我们这个地方可能没有阳光；地球是稳定的，但不知道哪个地方可能有地震……事物存在和发展是一个过程，都是由发展过程中的稳定和不稳定、确定和不确定组成的。那么，我们所有人的行为是怎么发生的呢？也是按照事物发展的确定性和不确定性来作出决策判断的。比如，你们作为企业家都要投资，而你们之所以要投资，是因为你看到了投资项目在未来具有不确定性，即这个项目今天可能值1亿元，几年后你预期该项目可能升值到1.2亿元。假如你即将投资的项目永远是确定的，今天价值1亿元，一年两年之后仍然价值1亿元，对

这样价值确定的项目你必然毫无兴趣，也就不会去投资。同理，我们所有人做的事情，都基于其中的确定性和不确定性。一方面，事物有确定的方面，正如投资项目有相对确定的方面，它在某个时间价值1亿元或1.2亿元都是有一定确定性的；另一方面，事物的确定性不是死的，是一个变化的确定，就像一个当前价值1亿元的项目并非一直价值1亿元，投资者可以预期它的未来价值，比如预期它未来会升值到1.2亿元。我们就是把未来的可能性当作确定性去追求和实现。所以，投资是收益和风险的选择。

这里我想要跟大家表达的意思是：大家不要害怕不确定性，不确定性正是事物发展的一个必然规律。任何时候都是这样，正因为事物有不确定性，我们才有能动性，才有选择权，才可以去搏击外部世界、应对外部世界。世界本来就存在着不确定性，未来也充满不确定性，但对于在座的各位和中国的发展来说，这就是变化，就是机遇，需要你作出判断选择。

四、中国为什么要实施这个大战略

朋友们，"十四五"时期，中国将开启全面建设社会主义现代化国家新征程。2021年，在建党100周年的时候，中国全面建成小康社会将取得历史性的胜利，然后开启现代化的新征程。在现代化的新征程中，到2035年基本建成社会主义现代化国家，到2050年建成社会主义现代化强国。中华民族浩浩荡荡的伟大复兴正高歌猛进，即将进入一个使中华民族为之振奋的历史发展新阶段。那么，新阶段我国经济如何发展？中央非常明确，要继续坚持新发展理念，就是要坚持创新、绿色、协调、开放和共享理念，用五大发展新理念继续指导中国的经济发展。在我看来，"十四五"规划还在五大理念的基础上强化了一个指导原则——"安全"，提出未来的中国发展是"安全发展"，将安全问题上升到非常高的地位，这是未来发展的一个重要的战略理念。

在新理念指导下，中国未来的经济发展格局是什么？基本的战略思路方针是什么？总的来说，就是中央提出的新发展格局——以国内大循环为主体、国内国际双循环相互促进。为什么要提出这样一个发展大格局大战略呢？

首先，中国经济发展到现在的阶段，不能简单地按照过去的路子走了，必须走高质量发展之路。所以，这是中国自己主动选择的战略。

其次，根据世界的大变局，未来世界经济发展的一个趋势，就是世界的经济结构和产业结构将发生重大的变革和组合，其中中国一个重要的举措就是加强内循环。世界各国都加强了内循环，世界的格局也将发生变化。因此，中国要适应外部环境也必须走以内循环为主体的战略。

最后，也是更重要的，中国发展到现阶段，经济不能仅仅靠外向拉动，不能仅仅满足于贸易大国、制造大国、生产大国的现状，还要立足于国内市场，把国内的市场做大做强，要更多地依靠内需来拉动中国的经济发展。

也就是说，实行大循环战略以后，我们国内的产业结构、经济结构、市场结构，包括企业结构，都将发生很大的变化，国际国内市场环境也将发生很大的变化。

五、我们如何提高应对世界不确定性的能力

那么，面对这个变化的世界、不确定的世界，我们应该怎么办？从哲学角度讲，我们最根本的办法，就是以我们自身的确定性去应对外部世界的不确定性，因为外部世界的不确定性个人无法改变。显然，作为个人，是很难去改变整个大环境大世界的，甚至像美国总统特朗普，作为世界上实力最强国家的最高领袖，也不可能完全按照自己的

意愿来改变世界。所以，我们最可能的做法就是改变自己，然后用自己能把握的确定性去应对外部世界的风险和不确定性，从而使自己走得更远。

怎么提高自己的确定性，而且是高水平的确定性，以应对外部世界的风险和不确定性？下面我给大家介绍十个视角。

第一，睁眼看世界：你无法改变大世界，但可以改变自己。我们必须要睁着眼睛看世界。前面我讲到，这个大世界你改变不了，你只能改变自己。经营企业的时候千万要注意，凡是你能够控制的决策、行为，其后果便是你容易看清楚的，此时你就有了更大的把握；越是你不能控制的、依赖别人或外界环境的决策，就越没有把握。外部世界很精彩，外部世界不断地在变化，但是外部世界的精彩不等于你的精彩，外部世界的机遇不等于你的机遇。那么，怎样把一部分世界的精彩、世界的机遇转化为自己的？答案只有改变自己适应世界，只有顺势而为，顺着世界浩浩荡荡的发展趋势而为，才有成功的可能。逆势而行，看起来很伟大、很有勇气，但往往要落败。所以，我们一定要把世界发展的大势看清楚，树立"抬头看世界，埋头完善自己"的世界观。一定要把眼睛睁得大一点、眼光放得远一点，然后再回到"自身应该怎么办"的问题上来。不要老埋怨世界、责怪世界，要懂得"乱世出英雄"，不确定的风云世界，正是你显英雄本色的时候。

第二，明白人生路：苦海无边，回头翻船。一定要明白我们的人生之路是什么？你若想成为一个成功的人士，有体面的生活、体面的工作，有光鲜的人生，你就要付出，就要创造，就要前行。企业家更是如此。我担任浙商发展研究院院长近十年了，跟企业家朋友们接触比较多。我发现一个基本规律：企业越往前走，面临的困难和矛盾也会越大，企业家遭遇的苦难也会更多。企业做得越大，企业的知名度越高，企业家表面上好像很风光，但是他背后承受的痛苦和压力要比小企业家大很多。所以，企业家和企业的成长之路，就是一条痛苦之路、磨难之路。任正非有一句跟今天主题有关的话就是："我除了痛苦，就没有不痛苦。"任正非都这样，何况我们在座的企业家和职业经理人呢。你们的事业很崇高，令你们很有成就感，但是你们选择的这条路也是一条痛苦的磨难之路，你要做的事情越大，你的痛苦也就越多。所以，我送给企业家一句话——"苦海无边，回头翻船"。事实上，人生并不是佛教里说的"回头是岸"，企业家们回头是要翻船的。如果一个企业家不想带领企业向前走了，停下来了，这个企业自然而然就要翻船。你们的选择决定了你们要走痛苦的路，要有思想准备，要坚定不移地走下去，不要回头，不要动摇，一旦动摇便会失败，无路可退。

第三，练强身子骨：打铁也要自身硬，远行要有好脚劲。这个道理大家都知道，想要带领企业适应外部世界，首先要有好身体。企业家身体不好，病歪歪的，今天上班吃不消，明天熬夜吃不消，到美国受不了，到巴西吃不消，身体不好做什么也不行，无法做大企业。躺在医院里是无法干大事业的，也无法把企业带好。所以，你们要把自己的身体锻炼好，用自己身体强壮的确定性应对世界和未来的不确定性。记住，身体是事业的基础。

第四，心灵载万物：你的太阳就是自己的智慧和心力。在强壮身体的基础上，最关键的还要心灵强大。我们自己的心就是自己的太阳，我们自己的心就是自己的智慧和力量。要像王阳明那样励志成为圣贤之人，励志把自己的心调好、调大。王阳明的心学与企业家精神的培养是我们最近刚完成的一个课题。王阳明提出心外无物，心外无理，也就是心即理。在他看来，心以外没有其他事物了。当然，要正确理解他所说的"心"和"天理"。他认为，每个人的心都有天理，去发现自己心的强大、心的天理、心的良知，并努力去行善去恶、知行合一，就可以成为一个圣人。达到良知良行的"心"，就有一颗强大的心，并由此去看外部世界，心和外部世界便是一体的了，心通万物、心载万体了。这个"心"，当然是一种信念之心，一种知善知恶之心，一种意志之心，一种智慧之心，一种敬畏之心，一种道德良心，一种坚强拼搏之心。人的体力是有限的，但人的心力智慧是可以放大的。如果心不强大，就做不了大企业家。你们要做大事业，心态就要好，心理也要强，以自己强大的心去照耀自己和外部世界，去感动外部世界，去引领你的企业成为一个积极向上的、充满阳光的大企业。在一定条件下，心的强大可以克服很多外部的压力和外部的不确定性。要用一个稳定强大的内心应对外部世界的风险，不要简单地被外部的风浪左右，不要让这样那样的风险和挫折动摇你的意志。浙江的职业经理人和企业家之所以强过其他人，就是靠浙商精神。我研究过浙商精神，有些确实是其他省的企业家学不了的，浙商的那种拼搏、那种吃苦、那种奋斗、那种精神、那种情怀，都是非常难能可贵、足以让人引以自豪的。

第五，培育奋斗者：吹响集结号，打造敢死队。要应对外部世界的不确定性，只靠你一个人是不行的，还要培养员工，要把员工的队伍培养好，用这支队伍的稳定性、这支队伍的高素质、这支队伍顽强的战斗力，去应对外部世界的不确定性。那么，这支队伍应该是什么样的队伍呢？以华为为例，任正非最大的本领之一，就是培养华为人的奋斗者文化。我研究华为一年多时间，怎样让华为人成为奋斗者，任正非很有见地。第一步，他把社会的人才转化为华为人，不断向员工灌输华为的理念、华为的价值、华为的文化；第二步，当员工干出成绩后，再成为华为的"人才"。华为把员工培养成华为的奋斗者，如果你们的员工都能成为你们企业里的奋斗者，那么每个员工都是一个小太阳，最终共同发出的能量就会很大。你们要想办法把你们的员工培养成奋斗者。当然，也可以分层次培养几类骨干，实际上就是组成企业的敢死队。这支队伍忠诚、专业、拼搏、奉献、智慧、精良，一旦吹响集结号，马上就能集合冲上阵，就能攻坚克难，占领阵地，取得胜利。

第六，锁定主航道：冲向城墙口，少看路旁花。这也是华为的重要经验。企业经营的主业就是企业的主航道，这个主业你们不能轻易改变，要处理好主业和多元的关系。选好主业、咬紧主业，将它作为企业的主航道，并坚定不移地向前走。华为企业经营了近40年，任正非说，我就在主航道上不动摇，咬定主航道奋力向前冲。不动摇到什么程度呢？他后来因为坚持主航道得了抑郁症，压力大到几度想自杀，但是他挺过来了。华为沿着主航道往前走，全然不看"两边花"。"两边花"代表什么？就是很可能赚钱但与主业没关系的一些产业，比如房地产等。可以说，企业到底行还是不行，到底是百年企业还是短暂的企业，就看主业能不能够做深、做精、做透，拉长主业的产业链。

第七，不做黑寡妇：灰度是艺术，多学阿庆嫂。黑寡妇是非洲等热带及温带地区的一种毒性极强的蜘蛛，交配后往往把雄性吃掉，最后变成孤家寡人。我们搞企业一定要营造一个非常好的内外环境。任正非说，企业越大越需要宽容、妥协和灰度。灰度是什么？就是要把握好中间的状态，不要认为不是黑的就是白的，把人一棍子打死。所以，他说他最敬佩中国两个人：一个是古代大将军韩信，他能忍辱负重；还有一个就是阿庆嫂，她能处理好多方关系。他说，我活了50多岁才搞清楚，我过去为什么提拔机会那么少，就是因为没有学阿庆嫂，不太会处理人际社会关系。阿庆嫂就能八面玲珑，各种关系都处理得很好，企业也需要营造好的环境。你们职业经理人也要学阿庆嫂，要花些精力处理好外部环境。人生活在人群里，企业也只能在现实社会中生存发展。

第八，夏天备棉袄：唯惶者生存，唯强者自省。要应对不确定性，那就是夏天要准备好棉袄，要有忧患意识，要有备胎计划。华为之所以没有被美国打垮，就是因为任正非有忧患意识，他相信华为的冬天总会到来，繁荣的背后是萧条，他在十几年前就做好了准备，备胎计划一直在稳步推进。所以在冬天没来之前，赶紧把棉袄准备好，一定要有风险意识，随时做好准备。还有，华为的自我批判意识很强，以问题为导向，在不断反省和批判中前行。

第九，造就核优势：以不变应万变，专到深处即绝活。对企业家和企业来说，以自己的确定性应对外部世界的不确定性，最核心、最关键的是什么呢？就是一定要培养和造就你的核心优势，或者说核心竞争力。你比别的企业强、有特色的地方，就是其他企业没有办法来同你简单竞争的优势，而你的企业可以用这个确定的优势竞争力应对外部世界的不确定性。如此一来，你的企业就有了自己的杀手铜，有了自己的核心优势。当然，这个核心竞争力每个企业都是不一样的，但总的来说，拼成本的时代已经过去了，要更多地依靠科技的优势。

第十，培养好后代：天下悠悠无始终，人生短短不留憾。除了企业家自身以外，还要培养好后代，培养好接班人。送给大家一句话，"天下悠悠无始终"。世界多大多长？世界无限地延续，我们人生却很短暂。我们尽可能不要留遗憾。不留遗憾就意味着：一是事业不要倒下去；二是自己不要倒下去，不要犯大的错误；三是从我们人生角度来讲，一定要把子孙后代培养好，我们的血脉、我们的成就、我们的事业、我们的情怀，最后要靠子孙后代去传承。而只要你创造的确定的成就、你的生命价值，通过子孙后代在延伸拓展，你的生命也在延伸。从这个意义上讲，人可以是不死的。所以，我们既要完善自己，也要培养好后代。

总而言之，作为企业家，要用自己高水平高素质的确定性应对外部世界的不确定性，以此使我们的事业做得更好，以此使自己的人生释放出更精彩的光芒。

今天，我就围绕这个主题给大家做一个简单分享，谢谢大家！

以自我的确定性穿越困局的不确定性

题记：2022年5月20日下午，之江商学院举办了"穿越困局　共创共建"小型企业家论坛，笔者应邀出席并就当前国际困局以及企业家应如何看待和应对外部世界的不确定性发表即席演讲，具体内容如下。

刚才，有的同志说，我们久违了，已经好长时间没有参加这种规模的论坛活动了，也很少能见到像今天这么充满阳光、洋溢笑脸的面庞了。也有的同志说，好像从大家的脸上看不出企业有多少困难。其实，由于新冠疫情等原因，不少企业特别是中小企业的发展面临着很多困难。然而，随时准备背起行囊走远方、拓市场的这种乐于挑战困难的拼搏创业精神，正是我们浙商所拥有的胸怀和气质！

一、当今世界面临许多困局

这次论坛主题"穿越困局　共创共建"很好。会前，我问主办方："现在到底存在什么困局呢？"他们说："因疫情，制造业困于产业链上，服务业困于客流上，等等。"但是我想，我们浙商是世界的浙商，大家还是应该用更开阔一点的视角去看。眼下的困局不仅仅在眼前，也不仅仅在国内市场环境上。

现在讲困局，还要考虑到国际环境的困局。当今世界，各类困局层出不穷，各种摩擦此起彼伏，世界正处在大变局之中。自俄乌冲突发生后，世界大变局加速演进，世界发展环境的不确定性大为增强。过去我们觉得世界变了，但也许没有体会到这种变局的广泛性、深刻性，以及与企业发展的直接关联性。

我认为，今天这个世界大变局，不是原来意义上的两极化的"冷战"，而是世界力量分化重组的时期。过去，两极力量达到相对均衡后，就长期处于"冷战"状态，虽有局部冲突，但并没有发生更多更大的"热战"，而是以均衡相持为主。眼下，世界原有的格局松动，但左右世界格局的新力量还在形成的路上，世界处于加速分化重组之中。

这样，世界便不可避免地进入了战略博弈和激荡摩擦的新阶段，而且这种博弈和摩擦将可能持续一个相当长的历史时期。

这种变局和困局，必将带来国际力量、国际格局以及各国发展格局的重大变化。这种变化不只体现在军事、政治、外交上，还体现在经济、科技、文化、生活、观念上。

这种变局与我们浙商（企业）关系也非常密切。国际上一些地区和国家发生冲突，对企业业务影响很大，义新欧班列受影响了，企业的国际贸易受影响了，产业链、物流链、资本链、人才链也都受到了很大影响。

今天世界的变局、摩擦、冲突是综合性、复合型的，包括经济、政治、科技、文化、金融、外交等方面，而且是高科技化的，世界局势更为错综复杂、变幻莫测。

二、世界是确定性与不确定性的统一

这次活动是讨论"穿越困局 共创共建"。大家普遍感到，现在的困局太大，世界变数太多，未来前景也太不确定了，感到有些迷茫困惑，不知如何应对。这是很正常的。

其实，经济发展的国内外形势一直处在变局和困局之中，一帆风顺是从来不存在的，只是困局的内容、形态、特点不同而已。企业都是在国内外和市场内外的困局中生存和发展的，我们人生也同样要面对无数变局、困局。说到底，我们就生活在确定性和不确定性的矛盾之中。

从哲学角度讲，一切事物和人类社会都处在确定性与不确定性的运动过程中。我们总希望追求未来的确定性、发展的确定性、增长的确定性，因为不确定性意味着无所适从，意味着无法预期，意味着风险和不安全。确定性的事，就是事物发展的稳定性、连续性，从人的主体角度来讲，就是我们可以认识它、预测它、把握它和改变它，能够按照我们事先预测和确定的方向去把控它的事。不确定性的事，就是事物发展的不稳定性、不连续性或者说突变性，从人的主体角度来讲，就是我们无法认知它，或者我们对它认识不够不透，或虽有所认识却没有能力去控制它。这样一来，这个事物的未来对我们来说就是不确定、不可控制的。这就是哲学意义上的确定性和不确定性，是具有广泛普遍性的，一切事物的发展和人类的一切行为都具有这种特性。

大家想一想，世界上所有事物的发展，不都是按照既确定又不确定的运动规律发展的吗？我们所生活和面对的世界，也始终处于确定性与不确定性的矛盾之中。比如：你结婚了，这个对象是老婆或老公，张三或李四，这是确定的。在这之前，在谈恋爱过程中，就是还不太确定的，正式结婚了，从法律上、生活上、事实上就是夫妻，夫妻关系就确定了。但是，今天是夫妻，明天或未来可能又不是了。这种确定性会随着时间空间的发展而变化，未来很难说一定是确定不变的。也许过三五年感情不好，或者受其他的不确定因素影响而分手了，又成了一种不确定性。

无论朋友关系，还是经商办企业、投资项目，都是这样的。我们一生都是在确定性与不确定性中度过的。比方说，在人的一生中，到底是读这个学校还是读别的学校，到底是从事这个职业还是别的职业，到底是办这个企业还是别的企业，都是由一系列的确定性和不确定性综合决定的。企业现在办得好，未来会怎么样，能不能确定，这都是很难说的。

事物有确定性，我们才能预测和把控未来；事物有不确定性，我们才有选择性和创造性。在时空越小的范围里，我们就越能确定地知道和把握事物。比如，我们可准确率极高地预测明天的天气。但如果给我们一个非常大的时间跨度，比如对于明年这个时候的天气，还是不是能如此确定呢？那就难了。当然，在相当长的时空里，太阳的存在和运行是有规律的，是有确定性的，阳光总是会有的。

三、应对世界不确定性的关键取决于自己的确定性

对于我们人来说，确定性与不确定性就更多了。今天和明天，你办的企业是可以确定存在的，至于经营绩效如何，年年月月都在不确定的变化之中。如果把你的企业放在大市场、放在整个社会中分析，那么它未来就会有很多的不确定性，往往是难以把握的。

那么，如何去应对这种不确定性呢？办法很多，真正最主要的根本办法，就靠我们自己，路在自己脚下。因为我们通常难以改变世界，只能适应世界，是世界更多地改变我们，而不是我们能多大程度改变世界。我们真正能改变的是我们自己，我们更多的是用自己的确定性去应对外部世界的不确定性。所以，我建议大家不断提高自己素质、能力的确定性，以提高应对外部世界不确定性的成功概率。比如，你们在这里通过学习来武装自己、提升自己，就是用提高自己的确定性去应对外部世界和未来可能的风险，也就是更多地化不确定性为确

定性。

　　提高自己的确定性，最关键的是我们自己要强大起来。如何让自我的能力提升？如何把自己的企业竞争力做强？如何让自己能够掌握、调动的资源更多？我们要用自己能调动的资源的确定性，去应对外部世界的不确定性。做大做强自己的主体能力和企业实力，就是最大的确定性资本。因此，我们要不断学习知识武装自己，包括加强同学之间的合作，这都是提高我们自己确定性和竞争力、减少风险的办法。

　　总之，大家对外部世界不要迷茫，关键是把自己的工作做好，提高自己，把自己的主业做强做大做实，把我们的"四肢"搞发达，把我们的脑袋搞发达，再把我们的同学、朋友搞得多一点，朋友圈搞得大一点，为你当参谋的人多一点，大家共创共享，抱团合作，才能行稳致远，抵抗更大的风雨，穿越更多的困境，享受更加灿烂的阳光，拥抱更加美好的未来！

"双循环"格局下民营企业的高质量发展

根据世界发展格局、我国经济社会发展水平和全球新冠疫情的重大变化，中央审时度势，及时作出了"双循环"发展格局的判断。

一、我国新时代经济发展战略新导向："双循环"发展格局

1. "双循环"新发展格局的提出过程

2020年5月14日，中央政治局常委会首次提出"构建国内国际双循环相互促进的新发展格局"。

2020年5月22日"两会"期间，习近平总书记再次强调，要"逐步形成以国内大循环为主体、国内国际双循环相互促进的新发展格局"[1]。

2020年7月21日中央召开的企业家座谈会、7月30日的政治局会议都强调了"双循环"的新格局。

---

[1]《习近平在看望参加政协会议的经济界委员时强调：坚持用全面辩证长远眼光分析经济形势　努力在危机中育新机于变局中开新局》，载《人民日报》2020年5月24日。

我国经济由改革开放前强调自力更生，到改革开放后重点实施出口导向战略和积极融入全球价值链体系，现在则实施以国内大循环为主体、国内国际双循环相互促进的发展战略导向，注重构建"双循环"的新发展格局。

要推进高质量发展，必须坚持新发展理念，构建新发展格局和现代化新经济体系，不断迈向现代化经济强国。

2. "双循环"的基本含义

所谓"内循环"，就是国内的供给和需求形成自我发展的循环，所有重大的经济活动环节都发生在国内，或者说在国内实现。

所谓"外循环"，就是积极"参与国际产业链分工"，某些产业、产品也要在国际上完成，也要参与和运用国际市场、国际资源。

但"双循环"不是平行的，而是以国内大循环为主体，是以扩大内需为战略基本点的。

中央还强调指出，"双循环"不是分割的，而是内外双融通、双推动、双促进的。千万不要将其理解为闭关锁国，要与全球产业链、价值链脱钩。

显然，这是新时代背景下中国发展战略的转型升级，是完善我国经济新的均衡发展的应对之策，更是化困局为新局、为中国经济谋划更长远驱动发展的战略跃升。

这是一个新的战略导向，是一个新的重大发展战略。

3. "双循环"发展格局的思路重点

这个发展战略导向意味着：要坚持新发展理念，形成完整的现代产业体系和经济体系；要坚持以人民为中心的发展思想，不断满足人们追求美好生活的需求，不断提高人的全面发展水平；要坚持高质量发展，更多地依靠科技创新驱动经济发展；要坚持以扩大内需为重心，更多地依靠国内市场自我驱动推动经济发展；要坚持管好预期调控，更多地着眼改善宏观调控的跨周期设计和调节，以超越传统短期的逆周期调控，也就是要在关注逆周期调控的基础上更注重中长期的结构性和趋势性变化，比如，应对短期疫情冲击的政策是逆周期调节，但要避免短期逆周期调节引发的不利于中长期结构性调控的新问题，如此等等。

二、"双循环"的时代背景

以国内大循环为主体形成"双循环"是中国走向全面复兴、"大国经济""强国经济"的必由之路。

首先，以国内大循环为主体形成"双循环"符合中国当前发展阶段的特征。我国进入了由外向型拉动向内需拉动转型的时期。2008年全球金融危机严重冲击西方经济，中国加快经济结构调整。开发国内市场并促进国内大循环的重要性日益上升。实际上，过去十年，中国经济重心已从偏重所谓"外部大循环"转向了国内大循环。中国有着巨大的内需基础和潜力，改革开放40多年，我国已经建立起了完备的工业体系和供应链，催生了全世界最庞大的中等收入群体，具备超大规模的市场优势和内需潜力，这是扩大内需的基础。按照经济发展的规律，我国经济中长期也应向内需拉动转型。当前中国人均GDP已经达到约1万美元，需求潜力在进一步展现，供给能力也相应大幅提升。

从一定意义上讲，我国既要成为高水平的制造大国、出口大国地位，也要成为消费大国、生活大国，将艰苦的创业与美好的生活统一起来。本人在2009年就呼吁中国应积极扩大内需市场，尤其要注意扩大消费市场和提高消费需求能力，要着力建设消费大国和生活大国。文章作为内参上报，后来也在《人民日报》上摘要发表过。

其次，是应对新冠疫情的重要启示。新冠疫情使全球供应链矛盾爆发，从而加速了"双循环"过程。产业本土化、本国化、内需化是一个普遍趋势。

最后，是应对世界百年未有之变局及中美关系复杂化的重要举措。

三、"十四五"时期浙江经济的大致思路

在五大发展新理念和"双循环"战略指引下，浙江"十四五"规划时期的主要思路包括：

第一，以人的现代化为核心，锚定现代化建设新导向。以提升人力资本为导向，把教育、卫生与健康现代化作为战略先手棋；以人的全生命周期需求为导向，创造现代文明生活；以人口结构变化为导向，完善发展规划和政策体系。

第二，在构建新发展格局中打造未来发展新优势，开辟现代化建设新路径。以高水平开放应对逆全球化，探索创新牵引、内需支撑的高水平内生发展模式，在推动形成以国内大循环为主体、国内国际双循环相互促进的新发展格局上大胆实践、多作贡献。

第三，以大都市区和中心城市引领优化区域经济布局，培育高水平现代化的创新平台和新增长极。着眼城与乡的新循环，深入思考新型城市化道路怎么走；挖掘山与海的新价值，深入思考如何培育新增长极；探索人与地的新关系，深入思考如何创新空间治理。

第四，以抢占数字化变革为先机，谋划做好数字时代现代化建设新文章，深入谋划数字经济"一号工程"，建设高品质数字社会，加强整体智治。

第五，以统筹发展与安全为导向，建设更高水平的平安浙江，突出人民至上、生命至上，把安全发展要求落实到各领域各方面。

第六，制造业产业重点。培育四大万亿级产业集群，即绿色石化产业集群（2万亿元）、现代纺织产业集群（1.5万亿元）、新材料产业

集群（1.3万亿元）、汽车及关键零部件产业集群（1万亿元）。同时培育八大千亿级产业，即智能装备、数字安防、网络通信、智能家居、生物医药、新能源及新能源装备、智能计算、集成电路。以上述四大万亿级产业为核心引领，以智能装备、数字安防等八大千亿级产业为重要支撑，加速形成以国内大循环为主体、国内国际双循环相互促进的有浙江特色的制造业、现代特色产业体系。

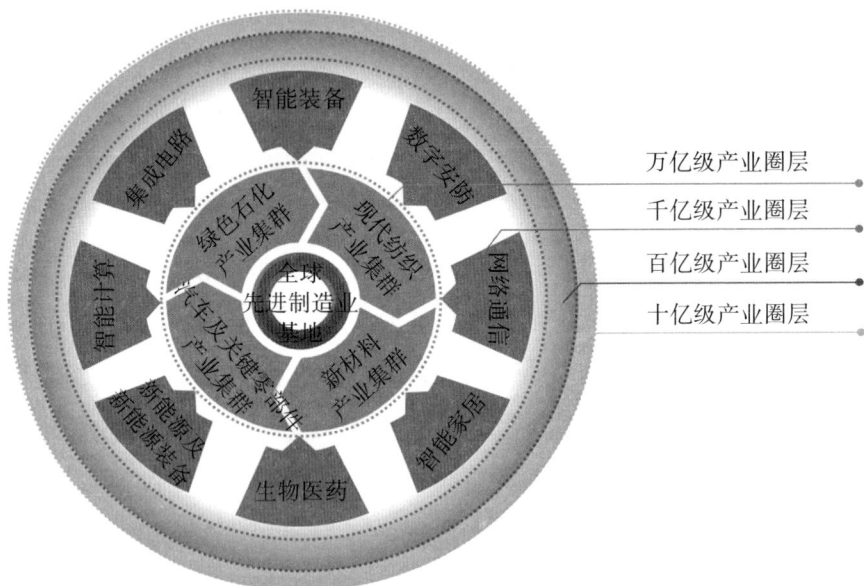

浙江制造业现代特色产业体系

大循环新格局下酒业发展的新动能

题记：2020年11月19日，第五届中国（浙江）酒业高峰论坛在杭州举行，笔者受邀出席并作演讲，具体内容如下。

今天，我非常荣幸受邀出席第五届中国（浙江）酒业高峰论坛。首先我要向酒类流通协会2020年会和高峰论坛的召开表示热烈的祝贺！今年是我第五次出席浙江酒业高峰论坛，可以说见证了浙江省酒类流通行业协会的发展。你们作为浙商队伍中的重要成员，为浙江酒业和浙江经济发展作出了重要贡献。你们从风雨中走来，在风雨中成长，在风雨中飞翔。我为你们的成长以及所作出的贡献表示敬意。

本届论坛的主题是"助力经济高质量·提升浙酒新动能"，这个主题很好。我曾经在你们历届的年会和论坛上，分别就酒文化问题、酒市场的质量和信誉问题、浙商品牌问题，以及学习华为精神和继续深化改革开放等主题发表了看法。我们今天的会议是在党的十九届五中全会刚刚胜利闭幕不久召开的一个年会，论坛的主题又是围绕着经济高质量发展和提升浙江酒业新动能展开的。所以，我就围绕党的十九届五中全会的有关精神和论坛主题谈点想法。

大家都知道，党的十九届五中全会对中国当前和未来五年乃至2035年的发展目标、发展思路、发展战略、发展举措作出了重要安排，其中一个非常重要的方面，就是对中国经济发展和整个社会发展进入新阶段作出了新判断。我国即将进入完成全面建成小康社会历史任务和开启社会主义基本现代化建设的新征程，也就是即将实现第一个百年历史任务并开启第二个百年新征程。在这个新的发展阶段，仍然要贯彻落实好新的发展理念，要按照党中央、国务院的整体战略思路，构筑起中国未来经济发展的新格局。

中国未来经济发展的新格局，就是以国内大循环为主体、国内国际双循环相互促进的发展新格局，我把它概括为"大循环"或"双循环"。大循环就是今天和未来中国起码五年乃至更长时期的发展大战略。我想围绕这个主题以及这次会议的主题，谈三个方面的想法。

一、为什么要实施大循环发展战略

党中央作出这一重大战略决策，首先基于中国经济和社会发展进入了新阶段的客观需要。也就是说，这个战略首先立足于我们中国自身的发展。中国今天的发展已经进入了要求高质量发展的阶段，而不是一个要求简单数量增长型或扩张型的时期。这个时期要求的高质量发展，需要对原有发展战略思路加以调整和完善。习近平总书记讲，这是我们主动提出来的一个大战略，也就是说，今天中国的发展到了新的阶段，最根本的战略基点就是要构筑更好立足于国内的高质量发展。

其次，中国是一个拥有14亿人口的人口大国、经济大国和社会主义大国。一个14亿人口的社会主义大国的经济和社会发展的根本目的是什么——就是要满足人民追求更美好生活的需要。因而必须以自主的发展为根基，必然以国内大循环为主体。也就是说，大循环发展战略是由我们的国情和国家性质决定的。

再次，经过改革开放40多年的积累，中国经济发展战略路径到了需要转型的阶段，即由外向型向以内为主、内外兼顾兼容升级。一般来说，发展中国家要追赶发达国家通常采取的战略是对外开放的追赶战略，即充分利用发展中国家自身劳动力等成本低的优势，尽快获得一定国际市场，进而拉动国内经济超速增长，由此缩短发展中国家和发达国家之间的发展差距。中国改革开放初期及过去几十年，就采取了外向追赶战略。1978年后，中国经济对外开放，自此以后便大踏步地走上了世界舞台。加入WTO以后，我国经济的国际化程度便有了大幅提升，中国逐渐成为当今世界最大的制造大国、出口大国。到了今天这个发展阶段，中国自身国内市场、自身产业体系需要重大的提升和完善，需要更多地以国内循环为主体了。当然，中国经济以内循环为主体并非排除对外开放，中国仍然需要不断开放，因为高水平的国内循环只能在国际循环中实现和提升，我们越以国内大循环为主体，越需要高水平的外循环。与此同时，近年来的国际局势正在发生越来越深刻的变化，国际力量正在发生重大变化。当今世界正进入一个百年未有之大变局的时期，这个时期，世界发展的不确定性和风险将会明显提高。在这种形势下，我们怎么应对世界大变局带来的风险和不确定性？只有把自己做得更好更强，以自身强大的确定性来应对外部世界的不确定性，这也是人类生存的基本法则。

最后，我认为党中央提出实施大循环、双循环发展大战略，还与今年新冠疫情的全球大流行有很大关系。这一场给人类带来灾难的大疫情，空前影响了世界格局，影响了人类生活，影响了全球经济发展，直接导致了世界各国经济发展的自顾化、内顾化倾向。可以清楚地看到，各国只要有可能大都优先完善本国的产业链，内顾化将是世界各国（尤其大国）经济当前和今后一个时期的重要潮流。在我看来，这个发展趋势未来将会进一步加快演进，原来所形成的世界分工和世界经济大循环的格局及体系不可避免地会加速调整，而且这个调整过程也将是深刻的。

总之，由于国内国际经济未来发展的需要，特别是中国社会主义现代化发展的需要、中国经济高质量发展的需要、人民生活水平新提升的需要，中国必须实施以国内循环为主体、国际国内双循环相互促进的发展大战略。

二、如何实施大循环发展战略

前面讲了我们必须走大循环这条阳光大道，那么，怎么走好这条路，怎么实施好大循环发展战略？

第一，我认为大家要正确理解大循环战略的含义。大循环把国内市场和国内需求作为战略基本焦点，同时党中央也明确指出，我们不是封闭的，不是不要开放，而是要更大的开放。我们提出大循环不是简单地为了应对外部世界压力，而是根据我国经济自身发展进入新阶段主动提出的适合中国自身发展的战略安排。此外，还要注意，这是全国大市场的大循环，千万不要搞地方封锁，不能各个省各个市层层搞小循环，要避免走到内部封闭循环的歪路上去。

第二，落实好大循环战略，仍然要贯彻落实好发展新理念。创新、绿色、协调、开放、共享的发展理念，是中央所确定的"十四五"时期以及今后发展的最基本的指导理念。高质量发展的内容及标志就是这五个理念。党的十九届五中全会作出的决议中，又进一步丰富和发展了新发展理念，尤其是增加了安全发展。这是根据国际国内近几年的发展局势及时总结的新经验。这也涉及产业发展的内涵及方向，企业要做到安全发展。

第三，落实好大循环战略，就要尽快构筑起一个国内完整的产业生态链和现代经济体系。我们要梳理出哪些重要环节、哪些重要产业、哪些重要产品、哪些重要技术等过于依赖国外市场，要针对这些领域尽快弥补不足，从而构筑起相对完整的产业生态链。当然，这样的战略并不等于不对外开放。事实上，我们仍然欢迎人家来国内投资，我们还要融入世界，我们开放的大门还要开得更大，但中国作为14亿人口的大国，我们的命运要掌握在自己手上。要尽快构筑起国内完整的产业生态链和现代经济体系。关键自主技术、关键产业环节和国内市场需求，这是大循环战略的重中之重。国内市场的扩大和提升，与在座的各位及所在行业发展紧密相关。就我的研究思考来看，过去几十年，我国采取的是以制造大国、出口大国为导向的外向拉动战略。今天也许还要探讨如何成为消费大国、老百姓的生活大国。党中央已经对"十四五"时期的相关战略作出了思路性安排。

第四，落实好大循环战略，就要坚持科技创新。关键性的"卡脖子"技术的自主创新，将成为"十四五"时期和中国未来发展中的首要的、核心的战略取向。未来将会把科技创新，尤其是关键技术的自主创新，放在一个非常突出的位置。

第五，落实好大循环战略，就要进一步巩固和扩大中产阶层。中产阶层作为带动社会发展和消费的重点人群，成为党中央规划中明确要巩固和扩大的阶层。与此同时，还要提高老百姓的生活水平和共富水平。加快推进共同富裕将成为未来中国一个更加鲜明的导向。除此之外，大家还要关注的是，为了实施好这个战略，党中央将坚持有效市场和有为政府相结合的改革路线，进一步突出发挥中国社会制度的优势。

第六，落实好这一大战略，还要进一步把开放提升到新的水平。党中央讲的是制度化开放，即有规则、有制度的开放。而有重点的、差异化的开放，也将是中国未来开放策略的一个趋势。

三、酒业发展如何在大循环下赋予新动能

我认为，浙江的酒业要在"十四五"期间赋予新的发展动力，必

须做好以下几点。

第一，务必信念赋能。我认为，中国在未来"十四五"期间的年均经济增长大概在5%—6%左右。党中央现在不太主张确定的相应增长的目标，但从研究角度预测，大概就在5%—6%左右。其实，5%—6%左右的增长速度，无论对中国还是对世界来讲，都是相对比较高的。所以，未来中国经济发展趋势相对是乐观的。随着国内市场消费水平的提高，与之相适应的国内经济发展也处在一个良好的发展机遇期。在这样的背景下，大家务必增强信心，用灿烂的阳光去照耀创业发展的前景。强大的信念可以赋予我们强劲的力量。也许你平时酒量只有二三两，但当你心态很好、阳光灿烂的时候，也许喝个半斤也不会醉。所以，企业家一定要有光明强大的内心，用自己的心的力量去赋能，用好的心态去赋能。

第二，务必质量赋能。希望你们坚持健康、诚信、守法经营的原则，在质量合格的基础上追求高质量发展。也就是说，你们未来对产品的质量要求不能放松。质量、质量，归根结底还是质量，这是企业产品尤其酒产品的生命。因此，要走质量赋能之路。

第三，务必生态赋能。希望你们坚持绿色生态理念，在质量合格的基础上，推进酒产业全产业链的绿色化、生态化，走生态赋能之路。酒本身是一个生态产品，务必将绿色理念贯彻到从原材料到消费的全过程中。

第四，务必数字赋能。希望你们坚持数字化、智能化发展方向，把数字技术、智能化技术和网络技术运用于全产业链。数字化、智能化是中国所有经济行业的发展趋势，数字化赋能也是你们的一条重要出路。

第五，务必品牌赋能。希望你们坚持用品质、品位、品牌去引导消费市场。酒可以是一个好东西，也可以是一个坏东西，恰到好处才是好东西，喝多了就可能转化为坏东西。人们越来越多地喝好酒，喝有品位的酒，喝有品牌的酒，这是酒市场未来发展的重要趋向。所以，你们要走品牌赋能之路。

第六，务必文化赋能。希望你们坚持用正确健康的酒文化引领酒业的发展。粮食和水是酒之基，酒精是酒之灵，而酒文化可以说是酒之魂。希望你们走文化赋能之路，让酒文化远离低俗。

除了绍兴黄酒——它的地位在我看来是不可动摇的，在白酒、红酒、啤酒或其他类型酒的品类上，浙江能否涌现几个有一定知名度的酒品牌呢？就看在座诸位企业家的努力了。"赤橙黄绿青蓝紫，谁持彩练当空舞？"我们衷心地希望你们能有担当有作为，不负时代不负人民，去创造浙江发展的新奇迹。

衷心祝愿你们在前行发展的道路上越走越宽广，用你们的智慧创造更精彩的明天！

浙江省促进民营经济高质量发展的政策举措

2018年11月29日，为深入贯彻落实党中央"两个毫不动摇"的要求和习近平总书记在民营企业座谈会上的重要讲话精神，着力解决当前民营经济发展遇到的瓶颈制约和突出问题，进一步优化民营经济发展环境，促进民营经济高质量发展，浙江省委、省政府提出一系列政策意见。

进一步提升民营经济创新能力。包括实施智能化技术改造提升工程、实施产业关键核心技术攻坚工程、支持民营经济创新平台建设、支持民营企业开展产品创新、实施中小微企业竞争力提升工程等五大方面，并有专项资金。

进一步加大民营经济金融支持。包括坚决抓好金融助企政策落地见效、实施小微企业信贷"增氧"计划、加大民营企业融资支持力度等三方面。

进一步优化民营经济人才政策。包括支持民营企业培养实用人才、支持民营企业引进人才、支持民营企业稳定新业态员工等。

进一步保障民营经济发展空间。包括加大民营企业新增用地保障、建立存量工业用地"只增不减"机制、建立民营企业灵活供地机制等三大方面。

进一步推进民营经济降本减负。包括认真落实降本减负一揽子政策，确保三年为企业降本减负5000亿元；切实减轻企业社保负担；切实深化"最多跑一次"改革等三大方面。

进一步保障民营经济合法权益。包括构建浙江特色的知识产权保护机制、保护企业家人身和财产安全、实施宽严相济的执法方式等。

进一步促进民营经济公平竞争。包括全面落实公平竞争审查制度，攻克民营企业公平待遇短板（对民营企业在去产能、去杠杆中执行与其他所有制企业同样标准，推动出台在贷款周期、贷款额度、贷款费用等方面的公平政策，金融机构要对国有企业和民营企业在贷款、发债方面一视同仁）、扩大民营经济投资渠道等。

进一步提升民营经济开放水平。包括稳定民营企业外贸出口、支持民营企业参与"一带一路"建设等。

进一步完善民营企业市场退出机制。包括提高民营企业依法破产效率、完善重整企业的信用修复机制等。

进一步畅通政企沟通渠道。包括建立民营企业参与决策机制、建立服务民营企业长效机制、实施新生代企业家"双传承"计划、搭建民营企业诉求直通平台等。

浙江的营商环境

外省市的领导同志和广大企业家都十分重视企业的营商环境。广义的营商环境涉及社会所有领域，还包括历史文化、民俗、生态等。狭义的营商环境主要指政务、税务、法务、商务、舆论等方面。

一、中国的营商环境

《小康》杂志和中国小康网曾在全国范围内发起"2018中国信用小康指数"调查，其中包括"中国营商环境满意度"的调查。调查结果指出："中国在过去15年间共进行了26项相关改革，这对改善中小企业营商环境来说是非常稳定的进步。中国的表现在东亚及太平洋地区整体来看也是很好的，中国的改革总数在这个地区的排名是第三位。"据差不多同期世界银行《营商环境报告》团队官员称：在合同执行这个指标上，中国在全世界排名第五位。在解决商业纠纷上中国平均需要496天，合同方索赔需要付出的代价平均为索赔价值本身的16.2%。而在整个东亚及太平洋地区，解决商业纠纷平均需要566天，合同方索赔平均需要付出索赔价值本身的47.3%。在注册财产指标上，在中国平均需要19天，而这个数字在整个东亚及太平洋地区平均为74.5天。

国家工商总局统计显示，2017年，平均每天新设企业1.66万户。据世界银行发布的《2018年全球营商环境报告》，2018年我国仍为第78位，排名仍相对靠后，虽然比2013年提高了18位。中国营商环境的"短板"明显存在于以下几方面：一是施工许可办理表现差，在世行排名第72位；二是开办企业过程仍需简化，仅达到亚太地区的平均水平；三是对中小投资者的保护不足，世行排名第119位，远低于金砖五国中的印度、巴西、俄罗斯。

二、浙江营商环境的改革

根据《小康》杂志、中国小康网调查：公众心目中中国营商环境最优的十个省份排行中，浙江省位列第一，广东省第二，上海市第三，江苏省第四，北京市第五。

在"中国营商环境百强区县排行"榜单上，浙江共有14个区县入选，分别是：排名第4位的衢州市衢江区，排名第6位的义乌市，排名第8位的慈溪市，排名第17位的诸暨市，排名第24位的海宁市，排名第27位的湖州市德清县，排名第29位的丽水市遂昌县，排名第33位的湖州市长兴县，排名第34位的嘉兴市嘉善县，排名第52位的江山市，排名第53位的绍兴市柯桥区，排名第60位的杭州市上城区，排名第68位的杭州市西湖区，排名第87位的宁波市奉化区。

浙江省的多项优化营商环境的改革做法受到上级通报表扬，其中主要有如下做法。

第一，并联审批和"多图联审"等改革：将消防设计审核、人防设计审查等技术审查并入施工图设计文件审查，相关部门不再进行技术审查，并推行以政府购买服务方式开展施工图设计文件审查。区域评估改革：实施区域能评、环评等区域评估改革，取代区域内每个独立项目的重复评价，变独立评为统一评。

第二，"标准地"改革：积极推进"标准地"改革。"标准地"是指在完成区域评估基础上，带着投资、能耗、环境、建设等标准进行出让并实行对标管理的国有建设用地。土地出让前，由政府统一组织开展区域评估，研究制定投资、能耗等标准，向社会公告出让。企业通过对标竞价，按照约定条件取得出让土地，并可选择常规审批或承诺制审批。对选择常规审批的项目，实行"一窗服务"；对选择承诺制审批的项目，由相关部门制定项目具体标准和条件，企业书面承诺并经公示后，审批部门可以直接作出许可决定，企业可以开工建设。截至目前，全省累计出让"标准地"225宗，总面积约8916亩。

第三，限时联合验收改革：实行工程建设项目"测验合一"，规划、国土、消防、人防等部门实行限时联合验收，统一竣工验收图纸和验收标准，统一出具验收意见。对验收涉及的测量工作，实行一次委托、统一测绘、成果共享。

第四，政务服务一张网：建设全省统一的政务服务网，覆盖各级政府机关3000多个、乡镇（街道）1300多个、村（社区）2万余个。同时，大力破除信息孤岛，让"数据跑路"代替"群众跑腿"，已开放57个省级单位1.35万余项数据共享权限，打通省、市、县三级259套系统。

第五，不动产登记改革：在不动产交易登记领域合并建设、税务、国土三个窗口，群众办理不动产登记只需取一次号、排一次队。凭国土部门出具的不动产登记受理通知书办理水电气联动过户，实现不动产登记和水电气过户只跑一次。

第六，建设统一政务咨询投诉举报平台：建设"12345"统一政务咨询投诉举报平台，构建"统一接收、按责转办、限时办结、统一督办、评价反馈"的闭环机制，企业和群众打一次电话就能解决问题。

其中义乌的一项典型做法受到上级通报表扬，其改革举措和主要内容为贸易服务事项只进"一扇门"：义乌设立国际贸易服务中心，整合公安、商务、税务、海关等12个部门125个涉外事项，集涉外行政审批、涉外公共服务、涉外中介服务、涉外国际交流和信息交流于一体，实现办理涉外事项只进"一扇门"、服务"一站式"。

三、浙江打造最佳营商环境的基本实践

长期以来，浙江省历来重视营商环境建设，做了许多实践探索。主要做法有：

第一，以"亲商安商富商""民营经济大省"为导向，努力打造良好的舆论环境。思想舆论先行是成事的重要条件。历届浙江省委、省政府坚持改革开放，创造性落实国有、民营"一视同仁"的方针，大力倡导"亲商安商富商"的社会氛围，努力为民营经济健康发展营造"茁壮生长"的舆论生态环境。比如，通过理论研究、宣传倡导、表彰先进、提高社会地位、领导联系制度、浙商组织、浙商大会等方式，营造良好的软环境。浙江党政领导建立与企业经常性沟通联系机制，研究解决非公经济发展中的突出问题，将"政企对话"上升到制度层面，为企业发展提供优质服务。亲不逾矩、清不远疏，厘定"为"与"不为"的界限，细化政商交往的正当行为。如杭州提出建设"政商沟通云平台""建言直通车平台""公共信用信息平台"，将各部门的涉企政策统一发布到"云平台"上，搭建起政府与企业24小时沟通互动"桥梁"。总之，政府要积极营造让企业家安心、放心、舒心的创业环境和发展环境。

第二，以推动"创业创新""做大做强"为导向，努力打造良好的政策环境。从2004年起，浙江出台了《关于推动民营经济新飞跃的若干意见》《关于鼓励支持和引导个私经济等非公有制经济发展的实施意见》《关于支持浙商创业创新促进浙江发展的若干意见》《关于落实"五个着力"推动民营经济新发展的若干意见》《关于构建新型政商关

系的意见》和"28条意见",提出浙商回归、"四换三名"、特色小镇建设、万亿产业发展战略,促进高端资源、先进生产力在浙江集聚,推动全省创业创新合力发展。按照有效降低制度性交易成本的要求,梳理政策,在促进创新、加强就业、鼓励中小企业发展等方面提供综合性的政策举措,在用电、物流、融资、社保、减负等方面提供"组合拳"式的降本政策,依法依规实施企业差别化电价、水价、排污费和用地、用能、信贷等配套政策,推动要素向高产出、高技术、高成长性企业和优势产业集聚。

第三,以提高效率改革为切入点,努力打造良好的政务环境。浙江长期坚持"放管服"改革,2016年又提出了"最多跑一次"改革,倒逼各级各部门减权、放权、治权。以"最多跑一次"改革为重点,相继在商事登记制度、地方金融体制以及要素市场化配置等方面推出了许多重大改革举措,建立市场准入负面清单,破除制约经济社会发展的制度障碍,加快建设服务型政府,中央全面深化改革领导小组审议了《浙江省"最多跑一次"改革调研报告》。最新的权威调查显示,"最多跑一次"实现率达到88.8%、满意率达到94.7%。据省统计局近期在全省范围内开展的企业经营发展环境状况专项问卷调查,在调查的8606家企业中,有41.1%表示"满意",57.0%表示"较满意",二者合计为98.1%,表示"不满意"的仅占1.9%。

第四,以保护产权和维护公平公正为重点,努力打造较好的法治环境。浙江把营商环境作为"法治浙江"建设的重要内容,确保市场主体依靠规则公正和法律保护健康发展。围绕"法无授权不可为""法定责任必须为"的要求,实现事权更加规范化、法律化。出台了《关于完善产权保护制度依法保护产权的实施意见》《关于新形势下加快知识产权强省建设的实施意见》,强调从产权保护的立法、执法、司法、守法等关键环节着力,加快建立健全产权保护长效体制机制。省高级人民法院与省工商联建立诉前、诉中调解对接制度和诉后执行和解制度，力求把矛盾化解在商（协）会。立法、执法、司法、律师协会都发挥了积极作用。打造市场高地、一流营商环境，必须建设良好的市场秩序，有效治理恶性竞争和不诚信行为。要保护、鼓励和支持企业及其他经济实体的自由竞争和公平竞争，加大不正当竞争行为的处罚力度。坚持不懈地打击制售假冒伪劣产品、坑蒙拐骗、低价倾销、偷税、骗税、骗汇等违法活动，使违法者为自己的不法行为付出应有的代价。深入开展扫黑除恶专项斗争，把其与反腐败斗争、基层"拍蝇"结合起来，向"微腐败"开刀，坚决打掉黑恶势力的"关系网""保护伞"，努力营造安全、公正、优质的营商环境。

第五，以"便民办税春风行动"为载体，努力打造良好的税务环境。税收环境和财政一样，对企业发展都有直接的利益关系。加大税收减免的力度，进一步优化税收管理、税收服务，加大税务培训，普及税收知识以及税收信息系统优化等，是优化良好税务环境的重要内容。近年来，浙江省税务部门开展"便民办税春风行动"，落实"放管服"改革，开展大企业个性化服务，为企业发展营造良好的税收环境。据了解，2017年全省税务部门共办理各类减免税2295亿元，减免社保基金49亿元，暂停征收地方水利建设基金为企业减负约130亿元，为企业发展送去了"真金白银"。以营改增为例，自2016年5月1日全面推开营改增试点至2017年底，全省增值税纳税人累计减税925.01亿元，试点纳税人整体减税面达98.18%，有效促进了产业结构优化和企业转型升级。目前全省国税系统125项办税事项已全部实现"最多跑一次"，74.4%的事项实现"零上门"；全省地税系统96%的办税事项实现"最多跑一次"，72%的事项实现"零上门"。在省统计局民调中心组织的全省"最多跑一次"改革两次抽样调查中，税务事项的实现率和满意度均列第二。在全国纳税人满意度专项调查中，浙江省税务部门连年获得第一名的佳绩。

第六，以"千人计划""万人计划"为抓手，努力打造良好的人才环境。努力打造人才高地，使人才资本成为推动经济发展的第一要素。打造一流营商环境，要建立留住人才的环境，留住企业家队伍的环境。各地人才政策竞争激烈。浙江围绕人才生态最优省份目标，实行开放有效的人才政策，加快形成海内外人才高地。2018年是"千人计划"实施10周年，浙江已累计引进国家"千人计划"专家778人、省"千人计划"专家2056人。浙江现有全职在浙"两院"院士51名，柔性引进省外院士456名。近三年来，浙江全省累计引进海外留学人才7万多人、各类境外专家14.8万人次，其中高层次专家2.8万人次，位居全国前列。首先，形成尊重知识、尊重人才的氛围。其次，形成培育、选用人才的机制。包括针对人才高投入高风险特点建立包容和支持"非共识"创新项目的制度；创新监管方式，增大对自主创新技术和产品的支持和宽容度；实施人才分类评价，放宽科研项目资金管理，赋予高层次人才更大的人财物支配权、技术路线决定权、内部机构设置权，最大限度激发人才活力。再次，出台以增加知识价值为导向的分配政策，提高省科学技术奖等人才奖励标准，鼓励高校院所科研人员兼职创业。包括明确高校院所可设立特设岗位，引进高层次人才不受岗位总量、绩效工资等限制。又次，聚力打造一流平台。高端人才最看重的，是干事创业的舞台。浙江明确提出之江实验室、大科学装置、名校大院、产业创新能力建设行动，以一流平台集聚一流人才。其中，之江实验室到2022年集聚科研人员2000人左右，网络信息、人工智能相关理论和技术取得重要成果，人才创新能力进入全球前列，争创国家实验室。最后，聚力解决"四子"问题，让人才在浙江舒心生活、顺心工作。针对房子问题，明确高层次人才购买首套房可不受户籍限制。2018年计划新建（新交付）1.9万套人才公寓。针对车子问题，非在杭"两院"院士、省特级专家可办理车辆进杭通行证，在杭高层次人才车牌竞拍费用由用人单位给予补贴。针对孩子问题，高层次人才子女就学可由教育部门统筹安排，同时加快推进外籍人员子女学校建设，2018年拟新建2所。在落户方面，高层次人才落户不受年龄、住所条件等限制，配偶、子女可以随迁。针对票子问题，深化拓展人才服务银行，对国家、省"千人计划"专家分别给予最高1000万元、500万元的平价信用贷款；在浙江省股交中心设立国际人才板，为人才提供股权融资、上市辅导等服务，力争培育一批"独角兽企业"和"隐形冠军"企业；创设"人才保"业务，为高层次人才提供最高2000万元的授信担保。据有关规划，到2022年，浙江要实现"三个超过"：即全省人才总量超过1500万人，人力资本投资占生产总值比重超过18%，人才对发展的贡献率超过42%，为浙江省实现"两个高水平"奠定坚实的人才之基。

应该说，浙江探索打造全国最佳营商环境的实践，为打造全球一流营商环境奠定了坚实基础，但对照"市场宽松有序、政府高效透明、社会多元包容、开放便利可控、法治完善成熟、要素汇聚高效、设施完善便捷"的标准，浙江营商环境仍有提升空间。

第六篇　阳明心学与浙商

阳明先生（1472—1529）是浙江人，被奉为立德立功立言"三不朽"的圣人。阳明心学承儒释道精华，集心学之大成，其蕴含的圣贤之道、心即理、致良知、知行合一等理念，对中国传统思想文化影响巨大，更深刻影响了浙江的文化。今天，阳明心学对沉淀浙商文化、涵养浙商精神，同样有着独特的价值。浙商在纷繁复杂、变化莫测的市场竞争中，需要有坚韧不拔的意志和强大的"心力"。学思践悟阳明心学，是提高浙商素养的一个重要功夫。

阳明心学对培育企业家精神的价值和启示

题记：2020年11月3日，宁波有关部门结合有关课题的结题验收举行了阳明心学研讨会，笔者代表"阳明心学与企业家精神"课题组参加了研讨会，并作现场发言，具体内容如下。

很高兴有机会到宁波参加阳明心学研讨会。近几年来，我们十余位专家学者对"阳明心学与企业家精神"这一课题展开了较为系统的研究，收获、启发良多。中华文化源远流长，是奔流不息的文明活水，是我们守正创新的不竭精神动力。阳明心学既传承儒家心学精华又独树一帜，新开师门，博大精深，在中华民族思想文化发展史上具有极为重要的地位。下面，结合课题研究成果，我就阳明心学对培育新时代企业家精神的价值和意义，谈几点感受。

一、中华优秀传统文化对培育新时代企业家精神具有不可替代的价值

文以育人，文以成人，文以兴业。文化是人类生产方式和生活方式的产物，也是人们实践活动的内在要素和基本样态，是人的活动及

其物化成果中的精神标识。商业等经济活动是人类社会活动的基础和主干，而人类的任何活动都有着相应的思想文化作为内在的基因并发挥着牵引作用。任何民族和国家的经济政治活动，都离不开该国历史文化传统的土壤。这是传统文化影响今天和未来人们生活的内在机理和历史逻辑。文化是一个民族之根之魂，是人们活动的精神支撑。国家通过文化建设，引导人、影响人、塑造人、成就人，从而逐步实现以文铸魂、以文育德、以文传道、以文图强。

2005年6月20日，习近平同志在《浙江日报》"之江新语"专栏发表了《不畏艰难向前走》一文，文中指出："浙商源起于浙江独特的文化基因，源起于对传统计划经济体制的突破，源起于浙江资源环境的约束。从这个意义上说，浙商也代表了浙江广大干部群众的创造精神、创新精神和开放精神。浙江之所以能够由一个陆域资源小省发展成为经济大省，正是由于以浙商为代表的浙江人民走遍千山万水、说尽千言万语、想尽千方百计、吃尽千辛万苦，正是由于历届党委、政府尊重群众的首创精神，大力支持，放手发展。浙商自草根中来，每一位浙商的成长都伴随着克难攻坚的拼搏，每一位浙商都有一部艰苦的创业史。"①习近平同志肯定了浙商的形成有着"浙江独特的文化基因"，也充分肯定了"四千精神"对浙商成长的巨大作用。可以说，经济发展、社会进步、人类交往的背后，都有着思想文化的引导因素及人的能动作用。

随着中华优秀传统文化的日渐复兴和创新性发展，其中的许多思想观点与价值观念，比如，格物、致知、诚意、正心、修身、齐家、治国、平天下、致良知、知行合一等思想文化，越来越渗透到中国现代工商业发展之中，对培养现代企业家精神发挥着独特作用。阳明心学作为中华优秀传统文化的一个典型代表，尽管不可避免地存在着这

---

① 习近平：《之江新语》，浙江人民出版社2007年版，第144页。

样那样的历史局限和学术缺憾，但它对五百年来中国社会的文明进步以及对现代企业家精神的培育，发挥着独特的思想文化的涵养作用，已经并将进一步产生积极的影响。

二、王阳明曲折人生奋斗路对企业家精神的培养具有积极的榜样示范价值

王阳明一心想成就自己、完善自我，要立德、立功、立言，要成为圣贤之人。为此，他付出了巨大代价，经历了许多苦难。

王阳明的一生跌宕起伏、波澜壮阔。在科举考试上，他屡败屡战；在政治生涯中，他经历过大起大落；带兵打仗时，他也经历了万般磨难。正是在人生的坎坷中，王阳明经历了亭前格竹、龙场悟道、天泉证道等，并最终创立了阳明心学。正是在艰难困苦的磨砺中，王阳明信念坚定、意志坚强，不断寻问自己、解救自己、强大自己，用自己的光明之心照亮自己和世界。可以说，王阳明的一生是坎坷的一生，同时，王阳明的一生也是极富思想创造力的一生。

王阳明的人生经历，对于培育企业家艰苦奋斗的精神、勇于拼搏的精神，养成企业家克服困难的坚强意志，激励企业家提升完善自我、追求卓越的事业和人生，具有积极的启示作用。企业家想要做好企业，不是轻轻松松就能做成的，不是敲锣打鼓就能实现的。从王阳明一生的经历中，企业家们能够学到许多人生智慧，感悟到许多处世哲理。企业家在自我成长的过程中，在带领企业发展的奋斗中，自觉不自觉地可以将王阳明立功立德立言的人生经历润物无声地投射到自己身上，进而受到激励，受到启迪，受到精神力量的感召，受到自我光明之心的呼唤。

由此观之，王阳明的人生经历，为塑造企业家的高尚人格、培育企业家精神提供了一个极富学习借鉴价值的经典案例。

三、阳明心学的主体性精神对培育新时代企业家精神具有内在的激励价值

市场经济的主体是企业。在市场经济的环境下，社会发展的一个基本动力源，就是企业家创造财富的实践活动。所以，企业家精神的培育，企业家品格的塑造，企业发展环境的优化，对经济发展、社会进步、人的素质提升，乃至对我们开启社会主义现代化建设新征程，实现中华民族伟大复兴，有着基础性、主体性和关键性的意义。

近十多年来，阳明心学在我国企业界受到了广泛而持续的关注，或者说，企业界兴起了一股学习阳明心学的潮流。实际上，这与阳明心学自身的思想特质有关，尤其是阳明心学所倡导的主体性精神，即高扬人的主体力量、人心的力量、思想的力量，成了企业家们吸吮营养、赋能增力的珍贵资源。阳明心学所高扬的人的主体性精神，正是企业家们特别需要具备的拼搏创新的精神。显然，阳明心学倡导的主体性精神和企业家精神具有高度的契合性。

当然，阳明心学所揭示的许多学理是具有普遍适用性的，对我们每个人的素养提升和品格塑造，都能发挥教育和陶冶作用。在激烈的市场竞争风浪中，在当今时代科技、经济、政治形势瞬息万变的发展环境中，企业家不单单依靠资金和技术的实力，更重要的还要依靠自身的思维、自身的素质、自身的品格、自身的心理精神，也就是用自身心力的强大去拼搏奋斗、艰难创业。企业家要在市场竞争中站住脚跟、赢得胜利，首先要战胜自我、强大自我。高明有作为的企业家，通常会用自我内心的强大这个能自控的确定性应对外部世界和未来世界的不确定性及风险。这就是说，企业家在创业奋斗中，需要有自身能动的主体性精神和坚韧不拔的心力。

当企业家接触到阳明心学中的核心思想，即心即理、知行合一、

致良知、万物一体，以及由此而来的主体性精神和实践精神后，他们便会深受启迪，似乎王阳明在与他们对话，或者觉得王阳明在激励他们去追求更卓越的事业和更丰满的人生。企业家通过高扬主体性精神和实践精神，在激烈的市场竞争中可以减轻心理压力，持续保持正能量，从而不断提升驾驭世界、驾驭市场、管理企业的能力。显然，阳明心学所高扬的人的主体性，正是感召企业家、激励企业家、培育企业家的一帖"强心妙药"。

随着改革开放的不断推进，浙江大地上产生了一个蜚声中外的浙商群体。目前，浙商队伍已达到近千万人的规模，其中有近600万在省外和海外。这么大的一支队伍，这么大的人数规模，特别是浙商所具有的艰苦创新创业精神和经商智慧，在国内外都产生了重大影响。那么，为什么浙江的土地上能形成浙商群体呢？正如习近平总书记所指出的，这是同浙江独特的历史文化相联系的。浙东学派、永嘉学派、金华学派以及整个浙江的历史传统文化，都对浙商群体的兴起产生了催化作用。阳明心学作为浙东学派以及中国传统思想文化中的一个极为重要的学派，自然也对浙商群体的形成和企业家精神的塑造具有重要的价值和意义。

四、阳明圣学、心学、实学对培育新时代企业家精神具有独特的内导价值

对王阳明的思想和学说，人们通常归为心学，这是就阳明思想的主要精义和特性而言的。学界公认王阳明先生为心学集大成者。就此而论，将阳明学说概括为心学是恰当的，也是普遍的共识。当然，如果具体地讲，将阳明先生的思想和学说分别提炼概括为圣学、心学、实学，也是有一定道理的，这是就其学说中的主要内容和特点而说的。就此而论，也有不少学者认为，圣学、实学、心学这"三学"的合一，

整体地构成了阳明学或阳明思想。

王阳明的圣学思想，作为人们追求成为圣贤之学，显然与企业家追求企业做大做强、实现人生更大价值、追求卓越人生、厚德载物、功德事业圆满的境界是相通的。高素养的企业家也总是从名企名商、儒商圣商的维度去拓展自己的"圣贤之路"。企业家塑造起积极向上的世界观、人生观、价值观、国家观、法治观、事业观、财富观、企业观，争做爱国敬业、守法经营、创业创新、回报社会的典范榜样，就是以自己的"圣贤"之心和"圣贤"之举武装自己、武装企业、武装他人，鼓舞他人、感动他人、造福他人，最终助力社会进步。这些都可以从阳明的圣贤思想和儒家文化的圣学中得到丰厚养料。

企业家根植市场，一切理想和"心即理"，都必须知行合一，付之于实践，切实地行动，才能创造出现实的奇迹，达到心物、人我的一体。企业家时时处在市场的风口浪尖上，唯有勇于进取、奋力搏击、身体力行，才能成就事业。这就是一种务实创新精神，一种企业家的实践哲学。而这也恰好与阳明思想中的实学特性相吻合。近些年以来，我担任浙商发展研究院院长，同企业家们有较多的接触交流。企业家在台上看似风光，但在台下所付出的心血和代价，所经历的痛苦和挣扎，则是外人难以想象的。企业家要取得成就，并非易事。实际上，企业家事业做得越大，各方面的压力往往也越大，包括同业竞争压力、资金压力、心理压力、舆论压力、家庭压力等。所以，企业家要靠自己的拼搏精神、创业精神、创新精神、专业精神、进取精神、追求卓越的精神以及顽强奋斗的实践意志，去战胜困难和成就事业。企业家本质上就应是实干家、行动家、实践家。王阳明知行合一的实学思想，是企业家精神和行为特质的生动写照，对企业家具有独特的思想引导作用。

真正的企业家应该把追求自我事业成功和奉献社会相结合，尽力做到义利并举、义利兼顾、以义为先，拥有强烈的家国情怀和社会责任心。当财富达到一定数量后，高素养的企业家常常会领悟到自己创造的财富本质上也是社会的财富，进而把个人财富用于帮助社会进步。极而言之，从世界整体来说，企业家与国家、民族、世间万物都是一体的。个人用广阔的光明之心去透视世界，打通心与外界之门，万事万物无不相连，无不浑然一体。这些，人们都可以从阳明思想学说中得到的智慧和启迪。

总之，企业家的成长和企业的发展，的确离不开企业家主体性精神的培育和心力的塑造。从一定意义上讲，企业的发展力是企业家心力的发展，企业的竞争力是企业家心力的竞争，企业的创新力是企业家心力的创新！

以上是我围绕"阳明心学与企业家精神"的课题研究谈的几点感想，与大家交流。

阳明心学与企业家精神汇通机理探究*

摘要：阳明心学特别受到企业界关注，并参与塑造现代企业家精神，这有其内在的原因与机理。人文思想与工商伦理之间存在着相互影响的内在关系，是阳明心学与企业家精神汇通的理论前提。阳明心学曾参与中国传统工商伦理与日本工商伦理的塑造实践，为阳明心学与现代企业家精神汇通提供了历史基础。中国现代企业家精神所需要的主体精神、创新精神、实践精神、进取精神等，与阳明心学本有的精神相契合，便构成了阳明心学与企业家精神汇通的现实逻辑。阳明心学与企业家精神的汇通，也是中国现代化进程发展到一个新阶段后，与中国传统文化更深入融合和接榫的必然要求。

随着社会主义市场经济的推进和中华优秀传统文化的复兴，阳明心学正引起学术界、工商企业界等社会各界的广泛关注和持续讨论。阳明心学虽可以作多维度的学术批判，但对儒学发展和社会实践的影响是广泛而持久的。有一个时期，国内关于阳明心学的学习组织、论

---

* 此文由笔者与浙江工商大学老师王磊合作完成。

坛活动、研讨会议层出不穷。在一定程度上，学阳明心学，用阳明心学，正逐渐成为企业家群体修养品格、提升企业经营管理水平的重要养分。阳明心学受到企业界广泛关注，并参与塑造现代企业家精神，实际上是多元文化在现代工商实践活动中的碰撞与交融，这一时代现象值得从哲学学理层面进行深入探讨。

阳明心学作为中国传统儒学的心学一派，为何受到企业家群体的持续关注？阳明心学为何能够在企业经营管理实践中发挥作用？阳明心学为何能够参与塑造现代企业家精神？这些问题的实质，可以总结为阳明心学与企业家精神汇通的内在机理辨析。我们认为，很有必要从哲学视角深入思考并挖掘阳明心学与企业家精神的内在关联逻辑。

一、阳明心学与企业家精神汇通的历史基础

在人文思想参与工商伦理的塑造中，阳明心学是一个典型案例。阳明心学归属于浙学传统，是浙学经世致用传统的典型代表。

从起源看，阳明心学正是王阳明在政治实践与战争实践中生发出来的一套学问，具有强烈的实践特性。阳明心学主张致良知于事事物物之上，自然包含着工商实践活动。故而，对中国传统商业伦理的塑造有着重要引导作用。余英时言："'良知说'的'简易直接'使它极容易接受通俗化和社会化的处理，因而打破了朱子'读书明理'之教在新儒家伦理和农工商贾之间所造成的隔阂。所以王艮能'指百姓日用以发明良知之学'。王阳明以来有'满街都是圣人'之说。此说解者纷纭，其实乃表示儒家入世承当的伦理非士阶层所独有，而已普及于社会大众。"[①]作为从商经营主体的商人，无不受中国传统文化的熏陶

---

① 余英时：《中国近世宗教伦理与商人精神》，安徽教育出版社2001年版，第175页。

和影响。关于阳明心学对传统工商伦理的影响，尤其体现在徽商特质的塑造上。徐国利认为，阳明心学的世俗化伦理观为明清徽商伦理思想的转换和建构提供了思想来源，诸如良知说、体用一源论、百姓日用即道、理欲观、公私观及其唯我论、新四民观及贾服儒行论等伦理观念，不仅影响到明清徽商伦理思想的转换和建构，而且自此之后，对中国工商业伦理思想的发展和完善，也起到了重要作用[①]。

在日本工商业的现代化进程中，阳明心学对日本工商业者的经营活动和经营哲学也产生了深刻的影响。阳明心学的致良知、知行合一等观念，直接影响到日本德川时代的商人、哲学家石田梅岩（1685—1744）。石田梅岩创建了石门心学，倡导知心、知性的思想理念，将正直、俭约贯彻到商业经营活动中，深刻影响了日本工商业发展和工商伦理塑造。而稻盛和夫更是一位深受阳明心学影响的典型商人代表。我们可以看到，在稻盛和夫的经营哲学中，无论是强调以心为本的乐观、忍耐、正直，还是利他精神、商业乃仁，以及敬天爱人、知行合一，都有着阳明心学思想的浓厚痕迹。在阳明心学的影响之下，日本企业家将东方的传统价值观念与西方现代工商文明对接，实现了第二次世界大战后日本工商业的繁荣奇迹，塑造了举世瞩目的有日本特色的现代工商文明。

可见，人文思想对工商伦理的塑造有着重要作用。工商实践活动的主体毕竟是人，不同的人文思想自然会对不同时期、不同区域的工商伦理产生影响。中国现代工商伦理的塑造必然要受到传统人文思想的影响，其中阳明心学是中华传统人文思想参与工商伦理塑造的一个重要部分。阳明心学曾对明清徽商伦理的建构发挥了重要作用，亦曾影响到日本工商伦理的塑造与工商文明的建构，这就表明，阳明心学

---

① 徐国利：《阳明心学的世俗化伦理观与明清徽商伦理思想的转换和建构》，载《安徽史学》2009年第4期。

与企业家精神汇通具有深厚的历史基础。故而，在现今中国，阳明心学参与塑造现代工商伦理、塑造企业家精神，是自传统至现代阳明心学塑造工商伦理这一发展脉络中的一个环节，也是历史发展的必然要求。

二、阳明心学与企业家精神汇通的现实逻辑

伴随着科技、工业、商业如火如荼的发展，世界各国正在塑造着具有自身特色的现代工商文明。在世界文明的这一发展进程中，中华文明的文明样式，亦由传统的以农耕文明为核心逐步过渡到以工商文明为核心、具有中国特色的现代工商文明。在世界范围内的现代工商文明的演进以及现代工商伦理的重塑中，有中华民族文化特色的现代工商文明正在并将越来越成为中国现代文明的重要标识。

在现代工商业中，人与人的关系变得更加多元而复杂。与传统工商伦理相比较，现代工商伦理的外延有所增扩，除了传统的工业伦理、商业伦理之外，又增加了科技伦理、企业文化、企业家精神等构成要素。得益于改革开放40多年的伟大实践，中国的经济体制已经由计划经济体制转换为市场经济体制。时至今日，社会主义市场经济逐步迈向成熟。新的经济体制，引发了新的经济关系和新的社会关系。伴随着经济转型与社会转型，中国人民需要一种新的思维方式和行为方式，随之而来的则是人与人之间的许多伦理关系需要重塑或充盈，由此形成一种新的文明形态。

在传统农耕文明中，家庭具有多元化职能，集生产、伦理、文化、社会等职能于一体。就生产的经济职能而言，由于传统农耕文明受到生产力水平的限制，家庭经济职能的发挥主要表现为小农经济的生产方式，以农业生产为主，是一种自然经济形态，家庭的社会分工模糊且未分化。伴随着生产力的发展和生产关系的变革，现代社会的文明

形态逐步由传统农耕文明转化为现代工商文明。相比之下，现代工商文明兴起之后，企业作为一种新型的经济组织形式，克服了传统农耕文明中以家庭为单位的小农经济形式的众多缺陷。在传统农耕文明中，小农经济的生产方式相对分散和落后，生产效率低下。现代工商文明中的企业则将众多家庭聚合起来，将家庭的经济职能从传统家庭的多元化职能中分化出来。这是现代工商文明的一大进步。现代企业将家庭的经济职能聚合到一起，进一步促进了生产力的发展，提高了生产效率，逐渐形成了分工明晰、运行有序的现代工商型社会，企业成为现代经济运行的基本单元和发展动力主体。

于是，我们可以说，在中华文明的现代演进与工商伦理现代转换的背景之下，当今中国社会的基本伦理组织形式，在家庭之外又形成了一种新的伦理组织形式——企业。企业作为一种新的伦理组织形式，连接起合作伙伴及全体员工。合作伙伴及每一个员工背后又代表着众多的小家庭。由此，以企业为单位，将现代社会的基本构成单元——家庭结合起来，形成一种新型的伦理组织形式。这种伦理组织形式，是以企业家为核心，合作伙伴及全体员工组成一个人际性的互动组织。

从经济活动组织结构讲，传统小农经济的生产方式之下，以血缘为纽带连接家庭成员。现代企业则是以契约和法律连接众多个人。从社会生活角度讲，企业乃是基于现代工商文明产生的现代伦理组织。在企业中，人与人的关系表现出契约性和规则性。由此，现代社会的伦理关系，在单纯的以家庭为形式的血缘自然关系之外，增加了以企业为形式的契约法律关系。伦理关系的核心纽带转换为企业员工之间的人际互动性，现代新型伦理关系正是围绕这一人际性关系的互动轴而展开的。

在企业这种新型的伦理组织形式中，企业家居于核心地位。而企业家精神则是企业家要担当好自身职责所必不可少的基本素养，进而成为现代工商伦理的重要组成部分。由此，工商伦理由传统至现代的转型，使得企业家精神在现代工商伦理中作为一个独立的重要组成部分凸显出来。现代企业家精神所需要的主体精神、大丈夫精神、创新精神、实践精神、进取精神等，恰恰是阳明心学所能提供的。这是阳明心学与企业家精神汇通，参与塑造企业家精神的现实逻辑。由此，在现代企业家精神的塑造中，阳明心学可以为企业家精神提供丰富的传统思想资源，发挥其现代价值。

三、阳明心学与企业家精神汇通的理论前提

人文思想参与到工商实践活动中，并塑造工商伦理，在东西方工商业发展史中各有渊源。

中国传统儒学中的价值观念，对工商伦理的塑造，始终发挥着潜移默化的作用。孔子弟子端木赐，是孔门四科中言语科的代表，孔子称之为达人。端木赐在商业上取得了巨大成功，不可否认是受到春秋时期儒学价值观念的影响。司马迁在《史记·货殖列传》中言道："七十子之徒，赐最为饶盛……子贡结驷连骑，束帛之币以聘享诸侯，所至，国君无不分庭与之抗礼。"[1]经商成功之后，端木赐以儒家礼仪为行为标准拜访多国国君，由此亦可见端木赐受到儒学价值观念的影响之深。在中国商业发展史中，形成了徽商、晋商、浙商等以地域为划分标准的商帮。每一商帮又有其独特的群体属性和文化特征。而这些商帮的一个共同特点，就是无不受到中国传统儒学的思想品格和价值观念的影响，由此形成中国商业发展史上的独特的儒商群体。中国工商伦理的塑造，总的来说是在中国传统儒学这个大的文化背景之下展开的，从中我们可以看出人文思想对商业伦理的作用和价值。

人文思想对西方工商伦理的影响，历来不乏关注和讨论。其中，

---

① 司马迁：《史记》，中华书局1982年版，第3258页。

马克斯·韦伯的《新教伦理与资本主义精神》一书是这一领域颇具代表性的经典著作。在此书中，马克斯·韦伯首先就提出了一个现象，"在一个各种宗派信仰混杂之处，只消一瞥其职业统计，往往便会发现一个屡见不鲜的现象，此一现象在天主教的报章与文献及德国的天主教会议席上一再引起热烈的讨论，那就是：在近代的企业里，资本家与企业经营者、连同熟练的上层劳动阶层，特别是在技术上或商业上受过较高教育训练者，全都带有非常浓重的基督新教的色彩"①。进而，韦伯对这一现象背后的本质进行了剖析。他认为"天主教较强烈的'超尘出世'、其最高理想所显示的禁欲特色，必然导致其信奉者对于此世财货不大感兴趣"②，而基督新教伦理解放了人们的思想和信仰束缚，鼓励人们从事生产，符合经济发展趋势，进而影响人的经济行为。由此，新教伦理为工业革命的发展提供了信仰基础和精神支持。韦伯的这一理论曾被广泛应用于解释20世纪60年代之后东亚的经济腾飞和现代化发展问题。

从历史的实际来看，东亚儒家文明对东亚各国确有促进经济发展的作用，如同新教伦理对工业革命之后欧洲各国经济的助力，若是缺少了人文思想与宗教精神，任何形态的经济模式都缺乏精神源头和持续发展的生命力。由此，我们可以看出，人文思想对工商伦理可以产生一种文化和精神层面的影响，最终作用于人们的经济行为。

无论是中国传统儒学影响下儒商群体的形成，还是马克斯·韦伯所阐发的新教伦理对资本主义精神的影响，都可以说明人文思想对工商伦理的塑造始终发挥着能动作用。人文思想与工商伦理总是相互影

---

① 马克斯·韦伯：《新教伦理与资本主义精神》，康乐、简惠美译，广西师范大学出版社2007年版，第9—10页。

② 马克斯·韦伯：《新教伦理与资本主义精神》，康乐、简惠美译，广西师范大学出版社2007年版，第15页。

响、相互塑造的。不但人文思想参与工商伦理的塑造，而且当某个时代或某个类型的工商伦理成熟后，又反过来成为人文思想的一部分。从传统工商伦理到现代工商伦理的演进中，我们都可以看到这一现象。阳明心学参与中国现代企业家精神塑造，也是这一学理脉络的延续和发展。

　　总而言之，人文思想与工商伦理始终存在着相互影响、相互塑造的关系。阳明心学作为中国传统人文思想中的一派典型代表，其与工商伦理也存在双向互动的关系。这就构成了阳明心学参与塑造企业家精神的最基本的理论前提。

四、阳明心学与企业家精神汇通是中国现代化进程的必然要求

　　从中国现代化历史进程来看，阳明心学之所以能够参与塑造企业家精神，其内在机理还在于，中国现代化进程发展到一个新阶段后，逐渐由被动、模仿、学习的现代化转变为主动、自觉、创新的现代化。在这一进程中，阳明心学参与塑造现代企业家精神，体现了我们主动将中华优秀传统文化融入现代化进程的文化自觉，而这正是中国现代化进程发展到新阶段的必然要求。

　　自1840年第一次鸦片战争开始，中国正式开启现代化的历史进程。从历史发展的维度来看，到目前为止，中国现代化的进程主要经历了如下几个阶段。第一阶段是1840年至1911年。这一阶段在"中学为体，西学为用"基本观念之下，仍以中国固有的政治制度为基础，进行经济领域和政治领域的现代化。其中，经济领域的现代化尝试主要是洋务运动，政治领域的现代化尝试主要是戊戌变法。学习西方的科学技术及现代政治制度，是这一时期的主题。然而，中体西用观念支配下的现代化尝试收效甚微。第二阶段是1911年至1949年。1911年

资产阶级领导的辛亥革命推翻了中国几千年的封建专制制度，并建立资产阶级共和国，标志着中国政治现代化的进程向前推进了重要一步。然而，这一阶段局势动荡、战争频发，解决内忧外患，争取民族独立，是这一历史阶段的主要矛盾。这就导致这一阶段的现代化进程总体上徘徊不前。第三阶段是1949年至1978年。中华人民共和国成立后，在中国共产党领导下，开启了社会主义革命和建设新时期，政治、文化领域的现代化取得了根本性突破，农业、工业、科学技术有了明显的进步，由此奠定了中国现代化的整体框架。然而，"文化大革命"时期，中国的现代化进程有所停滞。第四阶段是1978年至现在。1978年的改革开放，开启了中国现代化进程的高歌猛进时期，走出了中国特色社会主义道路，政治上建设中国特色社会主义制度，经济上发展社会主义市场经济，并不断催生出指导中国实践的中国特色社会主义理论，形成了中国特色社会主义先进文化。这一时期的现代化是全方位的，政治、经济、文化、社会、生态等领域全面迈向社会主义现代化。现在，中华民族的伟大复兴和现代化事业正迈入新时代。

自1840年至现在的中国现代化进程，是一个由被动打开国门，被迫学习西方、模仿西方，到逐步探索、创造性走出中国特色社会主义现代化道路的艰难过程。随着中国特色社会主义进入新时代，中国现代化更是由学习型、模仿型、追赶型的现代化，进入主动型、自觉型、创新型的现代化。中国现代化首先是一个学习、"融入世界现代化的过程"，也是一个中国贡献世界、传统融合现代的过程。在改革开放40多年的实践中，我们"有被现代化、被全球化的问题，也有主动现代化、全球化的问题。总的来说，是我们学习、借鉴发达国家的现代化经验更多一些。但随着中国成为世界第二大经济体，并呈现出良好的发展态势，中国道路、中国模式、中国智慧正在并将持续产生越来越人的全球影响"[1]。而中国贡献世界的一个重要维度，就是中华优秀传统文化正在并且将会继续参与到中国现代化的进程之中，进行着创造性转化、创新性发展，返本开新，由此塑造出中国现代文明并为世界现代文明作出重大贡献。

企业家主动学习阳明心学，参与塑造企业家精神，正是中国现代进程进入到一个新阶段的必然趋势。随着社会主义市场经济的发展和中国工商业的日臻成熟，中国现代企业家群体逐渐崛起，并在市场经济发展和中国现代化进程中发挥着重要作用。与此同时，中国工商业的发展与成熟正呼唤着现代企业家精神。企业家精神是企业家从事工商实践活动的主体性力量，是引领企业文化的核心要素，必然会转换为企业的生产力，进而转化为社会生产力，推动社会工商文明的新发展。

我们说中国现代化进程进入了一个由追赶到自觉、由模仿到创新的新阶段，正在塑造着中国特色的现代文明，其中要义之一，就是要实现中华优秀传统文化的现代转换和创新。学习型或模仿型国家的现代化进展到一定阶段，必然要与本民族的、历史的、传统的基础相融合。任何国家的现代化都是在自己国家和民族传统基础上的现代化。这样的现代化才是内生的现代化，才能真正走出本国特有的现代化道路。

可以说，阳明心学参与塑造中国现代企业家精神，正是中国现代化发展到内在融合创新阶段的必然结果，或者说是中国现代化进程发展到这个新阶段的一种体现。而这一特征也意味着中国的现代化已经开启了以中国回馈世界、以传统血脉丰润现代化的新使命。显然，中国现代化的过程，是一个由外生现代化到内生现代化，华夏文化由被

---

① 王永昌：《中国改革开放实践的若干哲学思考》，载《哲学动态》2019年第4期。

动地被切割、被解释到主动地融入、参与现代化的过程。这是一个源自内在文化根基与哲学基底层面融入和推进现代化的历史过程。反映在工商业领域，主要表现为企业家主动将中华优秀传统文化与现代工商管理相结合。例如，主动借鉴阳明心学，使其参与企业运营管理、企业文化塑造的探索和实践，生动展现出包括阳明心学在内的中华民族优秀传统文化参与塑造企业家精神的内在活力。

现代化发展需要与传统相融合和接榫。阳明心学对中国现代企业家精神的塑造，以独有的传统心学元素参与培育中国特色的现代企业家精神。显然，中国现代企业家精神是逐渐形成的工商阶层人文精神的重要内容，也是逐渐塑造的现代工商文明的一个部分。这是中华优秀传统文化创造性转化、创新性发展在塑造现代工商文明中的体现。我们认为，在中国现代工商实践中，企业家对阳明心学的批判性学习与吸收，实际上是中国现代化发展到一个新的阶段后，中华优秀传统文化参与到现代化过程中并持续丰润现代化的具体表现。

五、结论

阳明心学与企业家精神之所以能够汇通，之所以在塑造企业家精神的过程中能够发挥重要价值，其内在的原因和机理是多维度的，本文从以上四个方面进行了分析。总的来说，阳明心学与企业家精神的汇通，首先是人文思想与工商伦理之间存在着相互影响的内在关联，这是阳明心学与企业家精神汇通的理论前提。其次，从历史发展来看，阳明心学曾在中国传统工商伦理与日本工商伦理的塑造中发挥过重要作用，这可以说是阳明心学与企业家精神汇通的历史基础。再次，中国现代企业家精神所需要的主体精神、创新精神、实践精神、进取精神和家国情怀等，可以从阳明心学中寻求传统思想资源，这是阳明心学与现代企业家精神的契合之处，也是阳明心学与作为市场主体企业和企业家精神汇通的现实逻辑。最后，从更宏观视角讲，阳明心学与企业家精神的汇通，正是中国现代化进程发展到一个新阶段之后，与中国传统文化相融合和接榫的必然要求。可以说，阳明心学对中国现代企业家精神的塑造，也是在参与塑造中国现代工商文明，进而推进中华文明的现代发展。

用阳明心学涵养浙商精神*

摘要：阳明心学蕴含着义广精深的智慧，是浙商与时俱进甚至超越时代的思想力量与心灵养料。"圣贤之道"提出了普通人如何达到圣贤境界的进路，"心即理"充分肯定了人的主体性，"致良知"说明了"心"活动的应然方向，"知行合一"是"致良知"的工夫论、实践论。浙商要以"圣贤之道"升华企业的精神与文化，成就企业家"内圣而外王"的境界；要用"心即理"涵养浙商自信豪迈、包容万象的气度，在赚钱和花钱相统一的财富观上得到升华，在企业发展和服务社会相统一的人生观上得到升华，在追求仁义和物利相统一的价值观上得到升华；要用"知行合一"引导企业方向，稳立企业愿景，主动接受市场的磨砺。

浙商作为享誉全球的商人群体，唯有与时俱进，挑战自我，提升自我，超越自我，才能不断做大做强，而不是昙花一现，被时代前行的激流所荡涤。浙商群体内心与思想的修炼是驱动浙商未来发展的制胜法宝。阳明心学承儒释道精华，集心学之大成，其蕴含的"圣贤之

---

* 本文由笔者与浙江大学博士李佳威合作完成。

道""心即理""致良知""知行合一"等理念具有超越时空的永恒价值，是进一步提升浙商高度、沉淀浙商文化、涵养浙商精神的"营养剂"，是使浙商在纷繁复杂、变化莫测的市场环境中行稳致远、百炼成钢、千磨不摧、万击不倒的"发动机"。

一、用"圣贤之道"提升浙商

阳明心学义广精深，历久弥新。如今，阳明心学研究已成为当代显学，不同的研究者从各个角度对阳明心学的要旨提出了各自的理解。如果对王阳明心学体系作逻辑结构分析，我们就能从纷纭复杂的语境中得其要义。中国儒学可谓"修身、齐家、治国、平天下"的"圣贤之学"，有时也被称为"内圣外王之道"。阳明心学承袭这一传统，其思想宗旨主要围绕怎么成为一个圣贤之人而展开。王阳明言："圣人之学，心学也，尧舜禹之相授受。"[1]我们可以将阳明心学的主旨用四个字概括，即"圣贤之道"。进一步讲，阳明心学实质上提出了做人做事的终极追求，提出了带有根本性意义的问题：什么是人？应该成为怎样的人？普通人如何达到圣贤境界？围绕"人之为人""人之为圣"的根本问题，王阳明构筑了一个完整的心学体系。现实生活中，"圣人"常常被神圣化、神秘化，以至于人们认为中国几千年只出现过两三位"圣人"，通常认为"圣人"是无人可及的。而阳明心学强调人人都可成"圣贤之人"，每个人天生就有一颗"圣贤本心"，只要感悟这颗"本心"，践行初心，并努力致良知、知行合一，行善去恶，那么，人人都可成"圣贤之人"。这是阳明心学世俗化、通人心、接地气之所在。它把传统儒学从繁文缛节的"胡同"中解放了出来，走向了活生

---

[1] 吴光、钱明等编校：《王阳明全集新编本》，浙江古籍出版社2011年版，第260页。

生的人间天地。

对浙商而言，要把企业做大做强，要承担起社会和国家的责任，同样需要深刻领悟王阳明"圣贤之道"的精义，用"圣贤之道"引领企业，升华企业的精神与文化，推动企业行稳致远，成就企业家"内圣而外王"的境界。具体而言，浙商要学习王阳明的"圣贤之道"，继而成为无畏无惧的"圣商"。

何为"圣商"？"圣商"即"圣贤之商"，便是将"圣贤之道"融入企业文化，以强大的内心强固根基，知行合一、义利兼顾、功德并行，进而为社会与国家创造价值的现代企业家。那么，浙商该如何成为"圣商"？我们从阳明心学所蕴含的"圣贤之道"中可以得到启示：成为"圣商"最核心的是践行"圣商之道"——立功立业、立德立仁、立言立文、立家立后。

第一，立功立业。阳明心学认为个人的成长应从个体的本心出发，继而不断磨砺，不断践行"圣贤之道"，以至达到"圣人"境界，这是一种积极入世的价值观念。立功立业是积极入世的基础。千里之行，始于足下，对浙商来说，就是要在开展市场经营中立业，在促进社会发展中立功，为成为"圣商"打下坚实的基础。一方面，要以"业"立世。任何一个企业，要想走得长远，必须有自己的核心竞争力，而企业的核心竞争力是由企业的核心业务所决定的。如华为公司的核心业务定位是"信息与通信技术（ICT）解决方案供应商"，阿里巴巴集团是"电子商务"，吉利集团是"汽车制造与运营商"。广大浙商要想有所作为、有所成就，就必须打造自身核心的业务，凭借扎实的实业、产业立足世界，并以此实现企业的价值和意义。另一方面，要坚持以精立业。个人事业、企业产业要想有成就，立于不败之地，并不断发展进步，就必须下功夫做精做优。精者，就是要精益求精，就是要刻苦用功，就是要专业化，就是要把事业做优、把产业做深。为此，必须投入身心，必须埋头苦干，必须付出辛劳汗水，不断做精产业、做强企业、做好事业。浮躁、浮夸成不了业，做表面文章干不了事。踏踏实实做深做精自己的业务，才能成就大事业。

第二，立德立仁。仁德为修身修行之本、治国治世之道。《孟子·离娄上》有言"天下有道，小德役大德，小贤役大贤"。《淮南子·缪称训》有论"善之由我，与其由人，若仁德盛者也"。企业之成长如个人之成才，个人要达到"圣人"之境界，需不断修炼内心，追求"内圣"，企业要达到"圣商"之境界，亦需不断强化内功，立天下之大德，行人间之至仁。如果说立功立业能扎稳企业外显业务的根基，推动企业从小到大，赢得市场。那么立德立仁则扎深企业内化价值的根脉，促使企业从大到强，赢得尊敬。对有志成就恒久基业的浙商而言，要始终坚持以"仁""德"为本。首先，要树立仁爱之心。一方面，企业在主营内容、服务理念上要关注社会需求，联系国计民生，体现大仁。另一方面，企业的发展离不开国家与社会的支持，企业做大做强后，要感恩社会、回报社会，体现大爱。其次，要树立公德之心。一方面，要坚守社会公德。企业的产品、服务、行为都要秉持公道正义，引领社会良好风尚，而不能弄虚造假、盗版侵权、损害社会利益。另一方面，要坚持国家公德。在中国，企业无论强弱大小，都是中国特色社会主义事业的参与者、建设者。企业要坚持与国家事业、民族事业同心、同向、同德，在参与各类市场活动中，特别是在参与全球竞争中宣扬与倡导中国方案，体现中国立场，维护中国利益。

第三，立言立文。古往今来，留名史册的圣贤之辈，学问、事业达到一定高度后，都非常重视通过著书立说、开院讲学等方式总结和传播自身的思想。王阳明便是立言立文的高峰，或可言顶峰。钱穆先生对此曾有评价："阳明以不世出之天姿，演畅此愚夫愚妇与知与能的真理，其自身之道德、功业、文章均已冠绝当代，卓立千古，而所至又汲汲以聚徒讲学为性命，若饥渴之不能一刻耐，故其学风淹被之广，渐渍之深，在宋明学者中，乃莫与伦比。"①浙江是一块集聚思想能量的厚土，浙商是有思想、有情怀的商帮。从历史到现在，浙商从未停止过对企业、对社会、对人生的思考与探索。改革开放以来，我们看到，浙商越来越能说、越来越会说，越来越多的浙商接受媒体采访，分享交流企业经营的智慧与经验。但总体上看，系统地进行著书立说的浙商并不是十分普遍。浙商应成为立言立行的"圣商"，也就是说，浙商不仅要做到"知"与"行"合一，更要进一步做到"知""行""言"合一。一方面，要将企业之所知化为企业之所行，要在市场竞争中树立具有智慧、蕴含文化、独具风格的企业行为。另一方面，要善于从零散的企业行为、企业经营中总结出具有一般规律、普遍价值的企业之道，并以著书立说的形式沉淀下来，共同将浙商的"千言万语"锤炼成为"千卷万书"，形成浙商立言立文的文化宝库。

第四，立家立后。历史地看，古之文人贤达，往往广收门徒，培养后生，并通过门徒和后生不断丰富与传承自家的思想、学说。思想需要传承，企业也需要接班。浙商要想活得长久，要想基业长青，关键是要谋划好、建立好企业的传承体系，建立企业的接班体制，也就是我们说的立家立后。立家立后的核心是要不断培养"后代"，包括企业经营骨干和员工，实际上就是"关心下一代"。要通过企业制度创新，选拔德才兼备、创新能力强的精兵干将，并为他们创造锻炼、成长的机会与舞台。

总之，浙商要行稳致远，就要有自己的信念、自己的思想、自己内在的灵魂。而这个灵魂，这个精神支柱，这个内在的信念，就是立功立业、立德立仁、立言立文、立家立后的"圣商之道"。浙商要用"圣商之道"引领个人的事业与人生，引领企业发展的航向，把企业做成有灵魂、有温度、有善心的企业，成为现代的"圣商""圣企"。我

---

① 钱穆：《钱宾四先生全集》（第21册），联经出版社1998年版，第199页。

们认为，这样的企业家便与阳明先生的心相印相通了。

二、用"心即理"塑造浙商

在中国哲学史上，"理"指宇宙万物的普遍法则。历史上，以儒家为代表的众多思想家曾不断追问"理"之根源，不断思考"达理"之途径。如朱熹认为，"理"寓于外物，提出了"格物穷理"的观点。格物穷理当然也是人们获得对世界与自我认识的基本途径，但当时流行的理学已将朱子思想滥化为求取功名利禄的工具，失其本心。针对此弊和根据心物关系原理，阳明心学认为，"理"不存于物而存于心，强调"心外无物，心外无义，心外无善"，提出了"心即理"的命题。阳明心学认为"心"与"理"是共生关系，心之所达，理随心至。通俗地讲，我们之所以看到"大海""大山"等万事万物，是因为我们心中有"大海""大山"的意念。当我们没有感知到"大海""大山"等万事万物的时候，万事万物和我们一样归于寂静。也就是说，万事万物之所以能像你感知的样子那样呈现出来，是你的心所赋予的。阳明先生一日与朋友"南镇观花"，回答朋友"心外无物"质疑时说，"你未看此花时，此花与汝同归于寂；你来看此花时，则此花颜色一时明白起来，便知此花不在你的心外"[①]。"南镇观花"充分体现了"天人一体""心物合一"的观点。在这里，王阳明从"主体人""心"的角度看世界万物，强调"吾心便是宇宙，宇宙便是吾心"。

进一步讲，"心即理"是阳明心学的逻辑起点，它充分肯定了人的主体性。阳明心学蕴含的"心即理"思想，阐发了极为高明的人生哲学与处世哲学，是提升浙商气度的妙方与良药。浙商要深刻领悟"心

---

① 王守仁：《王阳明全集》，吴光等编校，上海古籍出版社2011年版，第6—7页。

即理"的精义，涵养自信豪迈、包容万象的气度。

第一，释放心的能量，涵养浙商自信豪迈的气度。浙商凭借智慧和勇气，伴随着改革开放从乡村走到城市，从小变大，由弱变强。随着中国对外开放的大门越开越大，在国内站稳脚跟的一大批浙商正前赴后继地走向世界舞台。展望未来，浙商如何在全球化浪潮中站稳脚跟，如何唱响属于浙商的"国际歌"，如何擦亮属于浙商的"世界名片"，已成为全球浙商的共同主题，这需要浙商的团结，需要浙商的战略，更需要浙商强大而自信的内心世界。王阳明"心即理"之说，充分肯定了认识主体的能动作用，相信自我的道德力量和自我成圣的潜在能力，反对迷信外在权威，主张依靠自我的"心"主宰和支配一切行为，从而打通了主体世界与客体世界，生成了人的主体性，使人能够坦然面对风云变幻的外部环境。做人做事有三种境界：一是功利的境界，将利益视作唯一目的，做事时必定会充满焦虑与算计。二是道德的境界，无论做什么事，都把精神上的收获看得更重要，做事只是道德圆满的手段，真正的目的是做人。三是"心即理"的境界，做事只追随自己的本心，这种境界即孔子所言"从心所欲不逾矩"，无所谓成功失败，这种人往往容易成就大事业。走向全球的浙商应悟透"心即理"这层深义，不唯书，不唯上，只唯实，不被权威和教条禁锢身心，掌握核心技术，在全球化的浪潮中大胆实践，不断创新，释放心的能量，始终保持自信豪迈、勇往直前的气度。

第二，坚定心中信仰，涵养浙商包容万象的气度。随着新一轮科技革命的到来，产品更迭的速度日新月异，市场环境瞬息万变，昨日叱咤风云的企业或企业家可能明日就会因为失去市场而落败。在这样的背景下，让浙商止步不前的也许是浙商的自我迷失和自我怀疑。"心即理"之精髓思维在于认为"吾心便是天理"，"心"既是万物产生的根源，又是万物变化的归宿，天地间诸事万物，举凡纲常伦理、言行举止、成败荣辱等，无一不以"吾心"为根据。正如王阳明在《传习录》中所论述的："身之主宰便是心，心之所发便是意，意之本体便是知，意之所在便是物。"①万事万物统一于"吾心"，"吾心"可海纳百川，可包容万象。诚如是，众多市场变幻，看似支离破碎，实则可以统一于浙商的"内心"，这颗"内心"便是浙商的核心价值和企业文化。浙商可以从王阳明"心即理"这层精义得到启发，在瞬息万变的市场环境中树立一颗包容万象之心，不能让产品的价值被市场洪流冲淡冲散，不能让企业的信仰在市场风浪中随风飘荡，而应树立核心价值理念，建立稳固的企业文化，搭建稳健的成长平台，坚守内心的信仰，坚持内心的主体力量，在变幻的万千世界中找到"定海神针"。

三、用"致良知"润泽浙商

"良知"一词，最早出自《孟子·尽心上》。孟子曰："人之所不学而能者，其良能也，所不虑而知者，其良知也。"这里的"良"为"天生本然"之意，"知"可理解为"知识""智慧"，其实更多的是指"道德本体"，人之为人的"是非善恶"的本体意念。王阳明继承和发展了孟子的"良知"思想，将其作为心学的主旨，强调"致吾心良知之天理于事事物物，则事事物物皆得其理"②。阳明心学要解决的是普通人如何成长为圣贤的问题，"致良知"便是王阳明所给出的答案。先前大儒诸家大都认为"天理"在心外，要格物致知。阳明心学的重大贡献在于"心上求理"。王阳明龙场悟道，最终悟出了"始知圣人之道，吾

---

① 王守仁：《王阳明全集》，吴光等编校，上海古籍出版社2011年版，第6—7页。

② 王守仁：《王阳明全集》，吴光等编校，上海古籍出版社2012年版，第39页。

性自足，向之求理于事物者误也"①。"天理""良知"在"心"上，"圣人之道"不在事外而在自己心上。由此，王阳明把天理、良知打通，又突出了"致"良知，彰显了阳明心学的人的主体性、实践性，开启了儒学"内圣外王"的新阶段。这是阳明心学确立的重要标志和对儒学的重大贡献。可用"致良知"三字概括阳明心学："近来信得致良知三字，真圣门正法眼藏……某于此良知之说，从百死千难中得来，不得已与人一口说尽。"②正因为如此，我们把"致良知"看作阳明心学整个大厦的主体构架，它联结并支撑起这个心学体系的各大组成部分。王阳明认为，如果一个人的行为都能达到自己内心良知的要求，或者都能遵从内心良知去做事，那么这个人就是圣贤之人。

王阳明"心即理"思想，阐述了人心（思想）之巨大能量。受其启发，未来的浙商应在全球化浪潮和市场风雨中自信豪迈、包容万象。"自信"非盲目之自信，"包容"亦非无理之包容，"心"之场虽广大，但并非无边无际。王阳明"致良知"思想便说明了"心"活动的应然方向。这个方向可用王阳明总结自身思想时所提炼的"良知四句教"来归纳，即"无善无恶心之体，有善有恶意之动，知善知恶是良知，为善去恶是格物"。"良知四句教"对《大学》中所论述的正心、诚意、致知、格物之间的逻辑关系进行了系统性梳理。通俗地理解，人心本是"无善无恶"的本体存在，后天的习染使人不可避免地显现出有"善"有"恶"的意念与行为。为人处世应正确分辨"善"与"恶"，进而行"善"去"恶"。我们每个人原本就有一颗非常光明的心，但是由于被现实世界各种不当欲望所蒙蔽，往往被各种不好的事物所影响，

① 王守仁：《王阳明全集》，吴光等编校，上海古籍出版社2014年版，第1354页。

② 王守仁：《王阳明全集》，吴光等编校，上海古籍出版社2011年版，第1007页。

总会出现违背"良知"的"假""恶""丑"等言行，违背了天理。王阳明认为心学修炼的目的是通过不断完善自身人格，把自己天生的善良之心激发出来、挖掘出来并知行合一，从而达到至善的"良知"状态。

王阳明"致良知"思想给浙商最大的启示是应正确处理"义"与"利"的关系，做大爱无疆的仁爱浙商。我们认为仁爱浙商或者说浙商的仁爱之心，至少要在以下三个方面实现新的境界升华。

第一，在赚钱和花钱相统一的财富观上升华。企业当然要按市场规律办事，要善经营能赚钱。但赚钱后如何花？的确很有讲究，很有学问，也很能体现企业家的远见胸怀。企业赚来的钱当然首先要用于再投入，维系企业的生存和发展，也要用于自己和家庭的消费。此外，在力所能及的基础上，还应回报社会。花钱和用钱是个辩证法，钱花得好，可以增加更多社会财富，也包括增加自己的财富。当然，我们这里讲的花钱，主要是指用于维系社会公平、促进社会进步的钱。今天的浙商，早已不仅仅是会赚钱的浙商，也是会合理用钱的浙商。浙商群体在财富观上已经有了重大变革和进步，未来将会不断升华。

第二，在企业发展和服务社会相统一的人生观上升华。对企业家来说，如何看待和处理好企业与社会的关系问题，实际上是一个世界观、人生观问题。企业家自己的事业追求、企业发展，只是社会发展的一部分，社会发展是企业发展和个人事业进步的舞台或者说基础。同一切个人一样，社会也不可能是完美无缺的，总是会有破缺、问题。有这样一句非常经典的话："市场竞争不相信眼泪。"这是对的，否则就没有市场竞争和市场效率了。也就是说，市场竞争过程中是不能有同情眼泪的道德判决的。但是，社会是一个有机整体，企业发展离不开社会，社会在任何时候都有需要帮助的弱者，社会发展和进步不可能只遵循市场竞争一个方面的规则。所以，在市场竞争规则之外，我们要从企业发展和社会发展相统一的角度去审视历史观和人生观，坚持处理好得诸社会和还诸社会、小我与大我、经济人与道德人的关系，把自己的人生轨迹融入社会进步的大道之中，在社会进步中延伸、扩展自己的价值。

第三，在追求仁义和物利相统一的价值观上升华。人的言行直接受自己的价值观支配。因为人们在所言所行之前，首先总会想一想如此言如此行对自己、对企业、对社会有利或有害。所谓的名利得失、善恶好坏，实际上就涉及价值观的核心问题。对企业家来说，价值观的焦点集中在物利和仁义关系的处理上。物利就是追求自己（企业）物质利益的最大化，仁义就是追求物利之外的尤其是社会的公共利益。求物利而不失人文、人品，利己而不损人、害人，被视为正确价值观的底线；价值观的中间层次是物利与仁义、利己与利人相得益彰，使它们相互促进；价值观的更高层次是为了仁义可以牺牲自己的利益；价值观的最高层次是为了公利、仁义而不惜牺牲自己和家庭的利益。

四、用"知行合一"锤炼浙商

王阳明总是将外部本体世界与人的世界（心）相联系，认为"天地无人的良知，亦不可为天地矣"[①]。这个"天地"是主客体相关视域下的"天地"，而不纯粹是与人无关的自在世界。这样，"良知"也就具有了先天性的"本体"，良知与天地万物一体，心即天理。与正统理学化良知为天理不同，阳明心学的重点是化天理为良知，良知非"出于天"而"系于人"。"良知"作为先天本体的"良知"，还不是主体"明觉"形态的"良知"，所以需要主体"致"良知。"致良知"就是从本然状态走向明觉状态。"致"主要是"行"，这就涉及知与行的

---

① 王守仁：《王阳明全集》，吴光等编校，上海古籍出版社2011年版，第139页。

互动。"致良知"便与"知行合一"直接相关。一般地说，王阳明在龙场之时已提出了"知行合一"之说，同时也开始形成了"良知"和"致良知"思想。而明确用"致良知"概括自己的心学要义，略晚于"知行合一"的提出。

从含义上讲，"致良知"包含了"知行合一"的主旨，因而学界研究发现，王阳明自提出"致良知"后便不再多用"知行合一"。从逻辑关系上讲，"致良知"说的展开，必然涉及"何以致""如何致"问题，因而知行说是"致知"的题中之义。如果说"良知"是本体的话，那"致良知"则是工夫。"知行合一"就是"致良知"的工夫论、实践论，"致良知"的现实展开及达到明觉状况，即"知行合一"的过程。用"知行合一"来揭示知行关系，是王阳明知行学说的独到特点，使先知后行、先行后知以及知行难易之说相形见绌。王阳明的"知行合一"说主要讲"行"的工夫。如何"行"、如何达到明觉的"良知"，有着更为丰富的内容，同时它要解决的问题和重点也与"致良知"有所不同。所以，"知行合一"并不能完全消融在"致良知"中，有其独特价值和意义。尽管王阳明"知行合一"的本义与今天人们理解的"知行合一"有很大不同，但"知行合一"的思想学术价值和现代意义是不言而喻的。

王阳明认为，道不可坐论，德不能空谈，把"善念"付诸行动从而实现"知行合一"，需要把"立德"与"立功""立言"结合起来，这既是中国古人"修身、齐家、治国、平天下"的人生理想，也是实现"内圣"与"外王"有机统一的必然要求。这些观点作为儒学思想的重要组成部分，直到今天还在一定程度上影响着中国人的内心世界，提示着中国人在完善自我、改造社会的道路上求真务实、不尚空谈。

"知行合一"是王阳明心学的精髓，是"致良知"与"心即理"思想的容纳与升华，是普通人"成圣"的"密钥"，对浙商而言，品悟与践行"知行合一"精神，至少可以从以下几个方面锤炼企业文化，引导企业方向。

第一，稳立企业核心愿景。"知行合一"即"真知"与"笃行"的统一。通过研究王阳明心学之义理，我们得出结论："知行合一"首要在于"立志"，继而才可获得"真知"，践履"笃行"。王阳明孩提时候就立下"圣贤"之志，他一生都在探索、品悟、践行"圣贤之道"，正是坚定的"圣贤"志向成就了王阳明"立功""立言""立德"的光明人生。王阳明在其著作中亦多次强调立志之重要性："夫志之不立，犹不种其根而徒事培拥灌溉，劳苦无成矣。世之所以因循苟且，随俗习非，而卒归于污下者，凡以志之弗立也。"①通俗地讲，王阳明认为，立志是人成长的根基，不立志就像还没有将植物的根种入土里就灌溉，这样只能徒劳无功。世俗社会中，人之所以出现因循苟且、随俗流习恶事，最终走向污染、低下的根本原因，也是因为缺少立志这一环节。志不坚，则所思所虑都是这个俗世里的六欲与七情，良知继而被淹没，进而所"知"非真知，所"行"亦偏离正道。对于包括浙商在内的广大企业或企业家群体来说，王阳明的"立志"哲学具有极大的参考价值。在企业经营层面，阳明心学所论述之"志"即为企业之"愿景"，或称企业之"使命"。一个没有坚定的志向的人会陷入虚空之言行，一个没有核心"愿景"的企业也会因行无定法而昙花一现。从这层意义上分析，支撑浙商未来行稳致远的基础在于浙商企业坚定的"企业愿景"。从现实来看，浙商企业基本上订立了符合自身的"企业愿景"，但从长远看，浙商欲成为经久不衰的"千年商帮"，还须进一步升华企业的核心愿景。首先，浙商企业核心愿景应更加坚定，不因功利与市场变幻而随意易之。其次，浙商企业的核心愿景应更具家国情怀。最后，浙商企业的核心愿景应更显人文关怀。

---

① 王守仁：《王阳明全集》，吴光等编校，上海古籍出版社1992年版，第259页。

第二，主动接受市场的磨砺。践行"知行合一"理念的关键在于参透"知"与"行"的内在理路以及两者之间的深层关联。王阳明认为："知是行的主意，行是知的功夫。""知是行之始，行是知之成。"可见，"知"与"行"是人的行为过程中互相渗透、互相结合、互相指引的两个维度。人作为"知"与"行"的主体，达到"知行合一"境界的过程也是"知"与"行"不断精进的过程。那么，"知"与"行"如何才能不断地精进呢？王阳明对此提出了"事上磨炼"思想。"事上磨炼"意指人需要积极主动地参与具体事务，并在具体事务中不断磨炼思想与行为。王阳明言："人须在事上磨炼做功夫乃有益。若只好静，遇事便乱，终无长进。那静时功夫亦差似收敛，而实放溺也。"①也就是说，人只有通过经历各种事情磨炼自己，才能变得沉稳，才能达到"动亦定，静亦定"的境界。"事上磨炼"可以说是"知行合一"的方法论。

在改革春风的吹拂下，浙商努力拼搏，一大批浙商企业成长为行业巨头，无论是市场占有率还是社会影响力都蒸蒸日上。然而，浙商不能止步于过去的辉煌，从小到大难，从大到强更难，从强到久更是难上加难，浙商的未来也如逆水行舟，不进则退。创业创新永远在路上，王阳明"事上磨炼"思想给予了浙商理性的哲思：过去的浙商，不惧艰难险阻，沉淀了"四千精神"，未来的浙商，不仅要继承"四千精神"所蕴含的无畏无惧的可贵品质，而且要由"被动"转向"主动"，也就是说未来的浙商不仅要直面风险挑战，而且要主动创造风险挑战，主动挑战世界权威，主动探索未知领域，在更大的国际舞台上创造更大的价值，引领市场。

---

① 王守仁：《王阳明全集》，吴光等编校，上海古籍出版社2012年版，第81页。

附录一：还是要讲共同富裕的基本逻辑

题记：2022年3月25日，以"助力'共富' 浙商担当"为主题，《浙商》杂志社和有关单位举行了浙商发展研究院成立十周年系列主题活动的首场活动。笔者受邀参加会议并作了交流发言。现场记者作了如下报道。

浙江省第十二届人大常委会副主任、浙商发展研究院院长王永昌在会议总结讲话中提出，我们讨论和助力共同富裕建设，首先要理解共同富裕的本质内涵。王院长表示，共同富裕是我国全面建成小康社会后，在新的社会发展阶段的一个更高的目标和任务。共同富裕的实质，就是全体人民都能逐步共同过上更富裕更美好的生活。共同富裕不是同步富裕，不是齐步走的富裕，不是没有差别的富裕，不是平均主义的富裕，不是躺平的富裕，不是整齐划一的富裕，不是只讲分配的富裕，不是只讲物质的富裕。共同富裕的根本要义，就是随着经济社会发展，不能出现收入差距、生活水平差距扩大化，更不能出现两极分化，大家都能共享发展成果，都能向更富裕的方向发展。凡是有劳动能力的，都要在这个发展进程中往富裕走、往更高水平走。没有劳动能力的，通过社会保障制度也能向更高生活水平提升，也要往前走。共同富裕的具体涵义和特点有很多，但最核心的观点就在这里，我们要理解本质的东西。

其次，企业助力共同富裕要讲基本逻辑。王院长强调，企业自己发展好了就是在创造社会财富，就是在做共同富裕的分内事。企业是创造社会财富的市场主体，最根本的就是发展好企业本身，在增加就业、税收、利润的基础上，再力所能及地从事慈善、社会公益事业，这是一个基本的逻辑，要把基本逻辑搞清楚，否则会适得其反。

最后，企业家和领导干部一定要懂一些金融资本知识。创造社会财富离不开金融资本。一个独立的现代经济体实际上存在着实体经济、货币经济和金融（资本）经济三大经济体。现实经济活动就是这三大经济体相互作用的结果。

此外，王院长结合当今世界格局的重大变化表示，俄乌冲突是世界历史进程中的一个重大事件，以俄乌冲突为标志，世界整体格局和基本秩序将进入一个新的发展阶段。世界格局、世界秩序、地缘政治等都将重新洗牌，世界进入一个大调整、大分化、大组合的新时期，原来意义上的"全球化"也将发生重大变化。国际格局的变化必然带来更多不确定性的挑战和机遇，在企业层面，会遇到非常大的影响，浙商该如何应对？这是一个重大而迫切的课题，需要深入研讨。

附录二： 民营企业是中国崛起和复兴的重要象征

题记：2021年9月28日下午，笔者应邀赴浙江华为通信技术有限公司，为百名华为年轻员工讲了一堂别开生面的课。其间，笔者既介绍了浙江历史、浙江文化、浙江经济和浙江民营经济的发展历程及浙商精神，也畅谈了对华为公司发展业绩及经历的独到认识。以下是《浙商》杂志记者的报道。

一、民营经济的崛起和发展是改革开放的重大成果

王永昌首先生动有趣地给华为员工介绍了浙江和杭州的整体概况。浙江位于长三角的南翼，从地形看，山地和丘陵占75％左右，一般讲的是七山一水二分田。长期以来，浙江积极建设"三个浙江"——城乡（平原）浙江，山上浙江，海上浙江。海洋经济特别是浙江的港口经济，资源非常丰富。

杭州是十分美丽的城市。湖在城中央，花开家门旁。秋天的杭州，可以说：江南最忆是杭州，杭州最忆桂花香。杭州是个既有深厚的文化底蕴，又有创新活力的城市。在王永昌看来，在中国所有城市中，能够把生态环境和人文环境及创业环境有机结合的城市并不多，既要有深厚的历史底蕴，又要有现代经济发展的勃勃生机，杭州算一个，

而且是为数不多的　个。

王永昌用实际数字展示了浙江经济的现状。浙江以全国4%的人口、1%的土地，创造了占全国7%的GDP、6.79%的财政收入、10%的外贸进出口量。他介绍了浙江经济的四个重要特点。一是浙江是资源小省，经济总量大省，改革开放的起步比较早，民营经济发展又早又快。二是浙江人均可支配收入在全国较为靠前，城乡之间差距比较小。三是浙江这些年来数字经济产业发展领先全国。四是浙江外贸产业发达，进出口量大，在全国比重高。

王永昌介绍了中国和浙江民营经济的整体情况。他说，中国改革开放的一个重大成果，就是民营经济的崛起和发展。中国现代化进程中的一个重大动力，就是民营经济。可以说，民营经济是我国一道十分亮丽的风景线，也是我们实现共同富裕的重要基础和优势。

王永昌还给大家介绍了浙江目前的工作重点。2020年3月，习近平总书记来浙江视察，给浙江留下一份殷殷的嘱托：浙江要"努力成为新时代全面展示中国特色社会主义制度优越性的重要窗口"。2021年出台的国家"十四五"规划纲要明确指出，要支持浙江高质量发展建设共同富裕示范区。这和浙商也有着直接的联系。共同富裕是建立在高质量发展基础上的。从某种程度来说，浙商的发展历程，实际上也是推动共同富裕的过程。

目前有近1000万左右的浙商，包含本省浙商、省外浙商、海外浙商。研究多年并对浙商群体怀有深厚感情的王永昌表示："浙商是我们浙江最大的财富。"

浙商是当今中国最著名、最活跃的商人群体之一。过去，浙商以"四千精神"闻名于世。"有了这个精神，不仅仅做企业，做什么事都能成功。"王永昌总结道，对企业来说，只有迎风破浪，才会屹立不倒。这也许是一个基本规律。

二、华为是当今中国发展崛起中世界增量的一个重要标志

王永昌曾用近一年时间深入研究华为的成长史。他说，华为的发展是中国崛起和复兴的一个重要象征，是中国改革开放伟大成果的一个重要见证，也是今天中国力量、中国智慧、中国精神的一个重要元素。做企业，要学习华为坚定的理想信念、执着的专业态度、精益求精的工匠精神、自主创新的开放变革和坚持不懈的奋斗意志。哪怕在无人领航的"无人区"，也要有自身发展的战略定力和毅力。

王永昌深情地说，华为以它的执着、磨难和智慧，经过几十年的拼搏奋斗，终于跻身当今世界通信技术的前沿。从落后、追赶终于进入到前沿引领的发展阶段，华为的价值是中国科技发展的价值，是中国改革开放的价值，是中国实现中华民族伟大复兴梦、走向富强新时代的价值，是中国力量、中国智慧、中国精神、中国复兴的一个重要象征。

"放眼全世界，作为一个企业，在现代通信技术、信息技术、数字技术、智能化技术领域中，能够在芯片、软件、信息管道设备方面都走在世界前沿并集于一身的企业，除了华为还有谁？没有，就是华为！"此言一出，掷地有声，现场响起雷鸣般的掌声。

心有猛虎，细嗅蔷薇。王永昌分享了一个小插曲："当我收到你们邀请来讲课的前两天，发生了一件非常振奋人心的事。那就是华为的孟晚舟女士回国了。"在他看来，孟晚舟事件以及华为受到美国无理的打压，实际上折射出了当今整个国际大格局百年未有之大变局的一个重要特点，这实际上也是当今中美战略博弈中一个带有标志性的事件。孟晚舟女士回国了，代表了在这场博弈中展示出来的中国力量的胜利，是"中国红"的智慧、意志的胜利。

在当今大变局中，最重要的特点之一，是中国的发展和崛起。"中

美的战略博弈将是长期的，在这个过程中，我们会经受很多磨难，美国对中国高新技术的打压在可预见的未来是不会轻易改变的。"王永昌认为，我们要从世界发展和中国发展的大局，看待今天的企业发展，领悟我们今天的使命。

讲课最后，现场年轻的华为员工声情并茂地朗诵了王永昌在孟晚舟女士回到祖国当晚（9月25日）创作的《我的中国红》一诗。

我的中国红

那抹绚丽的中国红，

时刻燃烧在我心中。

多少天的雨和风，

多少夜的泪和梦，

那一轮明月，

那一道彩虹，

点点滴滴情满胸。

那抹厚重的中国红，

时刻依恋在我心中。

多少次相见重逢，

多少回赤诚感动，

那一地阳光，

那一片星空，

分分秒秒照苍穹。

亲爱的祖国，我的中国红，

我歌唱你的年华峥嵘，

我欢呼你的昌盛繁荣，

又见中国红，

又圆故乡梦，

你久久远远在我心中。

最后，王永昌给华为送上了自己的祝福："我相信，熬过这几年，华为未来将会更加阳光灿烂。"

后　记

　　从2012年至2022年，我担任浙商发展研究院院长十年。其间多次参与企业家们的活动，少不了发表一些讲话。此类讲话自然以现场演讲方式为主。十年间，这些演讲经整理汇集后，已出版了《飞翔吧，浙商》（红旗出版社2017年1月出版）、《浙商：如何应对大变局与黑天鹅》（中国社会科学出版社2020年9月出版），此次出版的《问道浙商》是第三本演讲集子，主要收录了2016年以来的相关演讲稿。看着这些文字，虽谈不上系统完整地"问道浙商"，却是自己的心血，也有自己的一些思考。

　　借出版的机会，我对整理演讲稿的诸多朋友们深表谢意。